時間も心も
消耗しない
仕事術

ToDoリストは捨てていい。

タスクシュート協会理事
佐々木正悟

大和出版

はじめに　――時間術に期待するのは、もうやめよう

あなたは、本書の『「ToDoリスト」は捨てていい。』というタイトルに驚いたことでしょう。だからこそ、手に取ったのかもしれません。

はじめまして、佐々木正悟と申します。

私は30代の中頃から、ビジネス書作家として生きてきました。

そうして、そろそろ20年が経とうとしています。

私はこれまで50冊以上の本を出してきました。テーマはいつも似かよっています。「時間をうまく使う」「仕事のやる気を出す」「情報をシンプルに扱う」などといった仕事術について書いてきました。

したがって、私が伝えてきた内容は「最新のデジタル手帳の使い方」や「効率アップのためのショートカット」といったメソッドです。

しかしその種の、いってみれば「プロの小技集」の紹介が、はたして実際に読者の役に立つのだろうか、と疑問に思うようになりました。

私たちが仕事に行き詰まり、タスクが溢れてどうしようもないとき、知りたいのは「効率アップのための小気味よい工夫」なのでしょうか？

たとえば、私はこの原稿を書くためにMacのデスクトップを使っています。「コマンド」というキーとスペースキーを同時に押して、「UL」と入力すれば「Ulysses」というアプリが立ち上がります。物書きの気持ちをよく理解したサービスで、気持ちよく文章を書き進められます。

しかしこの仕事術は、「仕事を進める気持ちが十分にある」場合だけ有効なのであって、仕事をする気力がまったくなければ効力を発揮しません。そもそも、デスクトップの前に座りさえしないでしょう。

そこで私は、そうした「そもそも仕事をする気に全然なれない人」のために、この本を書こうと思ったのです。

私の主催するセミナーやオンラインコミュニティでは、「仕事が捗らない」といった相談をよく受けます。「タスクリストに沿って行動できない」ともよく訴えられます。あるいはコンサルティングでは、「リストのどれにもまるで手をつける気になれず、ゴロゴロしているだけで1日が終わってしまう」と嘆くクライアントもいます。

やろうと思っていても行動がともなわないと、人の心は激しく消耗します。そのような状態では、仕事に前向きに取り組むこともできないでしょう。

そんな人たちに、まず伝えたいことがあります。

本書のタイトルの通り「ToDoリストは捨てていい」ということです。

よく「やると決めたリストが全然できなくて自己嫌悪に陥る」という人がいます。人によっては、自分のリストのことすら卑下します。「この程度ならふつうは誰でもできるのに、できない私は社会人として失格だ」とまでいいます。

しかし、「できなかったリスト」ということは、非現実的で、まともなリストではなかったわけです。できなかったものを「誰でもできて当然のリスト」と勝手に決めつけて、「それすらできなかった私」を批判したり嫌悪したりするのは、まったく意味のないことです。

そうでなくても、私たちは計画やタスクリストにのめり込む傾向があります。

それには、「期待」や「欲望」を込めるからです。

仕事のリストには「達成したい半日後」が描かれているでしょうし、家事のリストには「あるべき生活環境」が織りこまれているでしょう。

そういうリストを実行に移さない自分は、「怠惰《たいだ》でどうしようもないやつ」だと自らがみなすわけです。

一般に多くのビジネス書は、「リストを作り、それを実行する」ことを主張します。

もちろんそれらにも、できない事情が考慮されていないわけではありません。

実行に移しやすいように、「タスクを細分化してハードルを下げる」「優先順位を明確にする」「実行するための最初の一歩を切り分ける」「目的を思い出してモチベーションを維持する」などが考案されています。

たしかにそれはそれでいいでしょう。うまくいく限り、やって損はありません。

しかし私のような人間からすると、結局「うまく作ったリストならば実行できるはずだ」とか「やらねばならない仕事を実行するのはいいことだ」という大前提にそも

そも賛成も共感もできません。

私からすれば、それこそが「誤った信念」にほかならないからです。

そして、そんな誤った信念を支えているのは、じつは、現実的とはいえない仕事の達成や生活環境を実現しようという「欲の深さ」に見えるのです。

その根深い欲望があるから、不当な自己非難に走ってしまう――。

達成も実現もできない「理想」を獲得しようともがき、自らをやみくもにむち打つのは「欲深い」とは考えられませんか？

タスク管理や時間術をこのようにとらえるビジネス書は、私の知る限りゼロに等しい状況です。だから私はこの本を書くことにしたのです。

私は言いたいのです。

タスクが減っていかないとか、期日に間に合わないときに必要なのは、タスクのリストアップや計画の立て直しではありません。「考え方」を変えることです。

どう変えるかというと「現実を受けいれるように変える」しかありません。

「終わらせられた仕事」だけが「現実に終わらせられる分量」のはずです。

「それは理想を手放せという意味か?」と私はよく聞かれます。

それはちがいます。手放すのは「理想」ではなく「欲の深さ」なのです。

「できない自分に対する自己嫌悪」や「うまくいかないかもという不安」、「締め切りに間に合わない恐れ」などで心を埋め尽くすことはもうやめましょう。

そんなことをしても、なんの役にも立ちません。

これらを手放すことができたら、あなたの心はめっきり消耗しなくなります。

消耗しなくなった分、空いた心のスペースを使って、仕事をグンと前に進めることもできます。それが、「心の余裕」の成せるワザです。

現状として、タスクがひとつも進んでいなくても、締め切りを過ぎていても、関係ありません。心の余裕は、考え方次第でいますぐもつことができるのです。

ぜひ、あなたも時間に追われ、心をすり減らしていた毎日から解放されてほしいと思います。

佐々木正悟

「ToDoリスト」は捨てていい。　目次

第1章

「時間がない」という“考え方”をやめる

第2章

先のことを心配してばかりの〝習慣〟をやめる

第3章

綿密に計画を立てる"仕事術"をやめる

第4章

"人間関係"をやめる
必要以上に疲れてしまう

第5章

"生き方"をやめる
未来に備えるような

本文デザイン　上坊菜々子
ＤＴＰ　白石知美／安田浩也（システムタンク）

序章

消耗しないために覚えておきたい大原則

「また先送りしてしまった」「締め切りに間に合わない」「上司に責められるかも」――このようなことで、日々心をすり減らしている人がいます。そこで本書の冒頭で、心を消耗するのを防ぐための「3つの原則」を掲げました。この原則を守るだけでも、激しく消耗するのはおさえられるはずです。

1

「メソッド」や「ツール」にできることは多くない

本書の執筆を引き受けたにもかかわらず、私は「仕事術」や「ライフハック」というものの効果に疑いをもっています。

もちろん、「佐々木正悟」という名前をごくわずかにでも聞いたことがあれば、「お前こそそういったものをずっと推奨してきた張本人じゃないか！」と言いたくなると思います。

そのとおりです。ただ私はいわゆるビジネス書作家として生き始めた頃から、ライフハックなどはよくて「サプリメント」であり、ケースによっては「しゃれ」に近いアイデアだとしてきました。

たとえば、寝起きに少し熱めのシャワーを浴びるというライフハックがあります。

目覚めるには悪くない方法だと思います。

しかしこの程度の工夫は、少し考えれば誰にでも思いつきます。

さらにいえばこの方法は、「十分に寝た人」だけにおすすめできます。2時間しか眠っていないからといって、50度のシャワーで目覚めようとしても皮膚にやけどを負うばかりです。

私は本書のテーマである「消耗」についても、まったく同じことがいえると思います。消耗しないための時間術やスケジュール管理の方法なら、たしかにいくらかは心当たりがあります。

でもそれらはあくまで「消耗しなくていいはずの条件」で働いている人向けです。
間に合うはずもない締め切りを設定されて、そのうえ上司から理不尽に責めたてられている人には、時間のやりくりだけで「消耗しなくなる」とはとてもいえません。

さらに「心の消耗」のような問題には、メソッドやガジェットよりも「覚悟」がものをいうことも少なくないのです。

たとえば、「夜の8時以降に働くと消耗する」と思い込んでいる人がいるとします。

そういう人には「夜8時前に仕事を終えるライフハック」は悪くないでしょう。

しかし、じつは「夜の9時に働いても消耗しない！」と気がつくことができれば、それだけで問題が解決してしまう場合も多くあります。

ただやっかいなことに、こういう「覚悟」のような精神論が有効だとなると、「やはり真夜中まで仕事をさせても大丈夫。ようは気持ちの問題だ」と理不尽な上司に詰められても反論できなくなってしまいます。

そこで私は、本書の冒頭に「消耗しないために覚えておきたい3つの原則」を掲げたいのです。

①仕事かどうかにかかわらず「約束」をするかしないかは自分で決める。
②他人と約束を交わしたら原則として守るようにする。
③やりたいことはすぐにやり、休みたくなったらすぐに休む。

以上3つの原則は、あくまでも「原則だ」と思ってください。
この原則は守ろうとすればいいのであって、守れなくてもかまわないものです。

少しだけ補足をしておくと、①でいう「約束」とは「他人と交わす約束」を指します。「自分との約束」というものはないと思ってください。人によってはこの原則を守るだけでも「やること」を減らせるはずです。

そして「約束するかどうかは自分で決めていい」のです。

どんな約束ならしてもいいのかを知りたいなら、自分の直感を頼りにしましょう。仕事の依頼といっても、「社長から」なのか「部下から」なのかで約束する気になるかどうかは全然ちがうでしょう。

そして「交わした約束は守る」としても、それはあくまで原則です。どうしても守れないといったハプニングは必ず起きるものです。

この3つの原則を守っていれば、少なくとも簡単に理不尽な目にあうことはなくなります。休みたければ休めばいいからです。「約束を交わす」のは自由であり、「約束を守る」のは「原則」だからです。

もちろん、職場における信用を大事にしなければならないでしょう。

それは「約束を守る」ことで得られます。

守れなくても守ろうと努力するだけでも、そうでない人よりは他人から受けいれられるようになるでしょう。

「約束を守る姿勢を示す」などというのは、いまでは軽くみられがちです。

しかし信頼は、しばしば「結果」より「姿勢」で勝ち取ることができます。

多くの人は、そういう環境で仕事をしたほうがよいパフォーマンスを発揮できます。

最後に簡単にまとめておきましょう。

仕事術を身につけ仕事に応用するのは悪くありません。ただし、メンタルを健全にしておくのが先です。私はそれが言いたかっただけなのです。

POINT

そもそも「仕事のやり方」が問題ではないかもしれない

第1章

「時間がない」という“考え方”をやめる

「時間がない」という考えに取り憑かれると、なにをするにも慌ただしくなります。仕事に集中できず、生活も楽しめなくなります。仕事に締め切りはつきものです。しかし、締め切りに間に合わない恐怖と「時間がない」のは別の話です。まずは、この章で本書の基盤となる考え方を説いていきます。

2

「未来は見通せる」との誤った確信を壊す

19＋10＋10＋37＋10＋6＋7＋5＋15＝？

合計はいくつになるでしょう？

人によっては即答できるかもしれません。

しかし、私にはとてもムリです。

じつはこの計算ができるかどうかが、「朝6時前に起きて、髭剃り、歯磨き、朝食をとって、最寄りの駅を午前7時50分に発車する電車に乗れるかどうか」のカギになるのです。一見すると、朝の6時より前に起きて、7時50分発の電車に乗るなら、ジョギングにでも出かけない限り「余裕」と思われるかもしれません。

なにしろ出発まで、およそ2時間もあるのですから。

しかし実際には、少しの余裕もないのです。先の数字の単位は「分」です。

・起床後の着替えとトイレと洗顔　19分
・髭剃りと髭剃り後の掃除　10分
・コーヒーをいれて朝食を用意する　10分
・朝食と歯磨き　37分
・トイレ　10分
・着替え　6分
・必要な持ち物の用意　7分
・出発準備　5分
・徒歩で駅まで移動　15分

すべてをあわせると119分です。つまり2時間前に起きてちょうどいいのです。

起床してすぐのときには「うまくいけばやれそうだ」と考えていた「ちょっとした

仕事」や「散歩」などどうやっても盛り込めません。

人はこのように「たんなる足し算」がじつはうまくやれません。こういった計算をするなら、平均を出してかけ算をしたほうがはるかにラクにできます。

しかし、どちらにしても不正確です。5分でもオーバーすれば予定の電車に乗り遅れるでしょう。

間に合うと信じている限り、消耗は避けられない

このように、決まりきった用事をただひたすら実行するだけの100分先の予測すら、私たちにはままなりません。それなのに「来週までにこの仕事ができる？」と上司から問われて正しく答えられるでしょうか。

まして100日後を締め切りにして、それで日数が足りるかどうかなど決してわかりません。**わずか100分後のことはわからないが、100日後のことならわかるというのはどう考えてもおかしな話です。**

にもかかわらず私たちは、

①仕事にかかる時間を見積もりたがる
②その見積もりは「おおよそ正しい」と信じてしまう

ものなのです。

まず私が提案したいのは、①と②を両方とも徹底的にやめることです。作業にかかるであろう時間を見積もり、その見積もりを信じようとする限り、「心の消耗」を避けることはできません。

心には、その人ごとにキャパシティがあります。あまりに多くの仕事や致命的な出来事に襲われると、その「心の許容量」を超えてしまうことがあります。

大きな震災や事故に遭遇すると、精神的なバランスを崩す人が多いのは、そのキャパシティを一時的に突破するからなのです。

許容量を超えなくても、ギリギリの負荷が続くと「心は消耗する」と考えてください。というのも、**許容量を圧迫する「出来事」で心がいっぱいだと、「仕事」や「約束」に対処する心のスペースが足りなくなるからです。**

その意味では、心をパソコンの「メモリー」にたとえてもいいかもしれません。

話を戻しますと「こうすれば企画Aは100日後の締め切りに間に合うだろう」と見積もっても、その予想は正しくありません。

まず間に合わないのです。50日くらい経ったところで不安になりだし、80日後には焦り始め、90日目には絶望しかけているでしょう。

最後には仕事を猛スピードで進めなければなりません。

すると、多くの人が「だから消耗しないために時間の余裕をもつべきだ」と考えてしまいます。しかし、その考えだけではうまくいかないでしょう。

理由は、繰り返しになります。私たちは誰もが「仕事にかかる時間を見積もり、その数字を信じたがる」せいです。

あなたの仕事相手も、誤った見積りを信じている

上司や取引先からは「余裕が欲しいのはわかるが、できればもっと短時間で！」と

求められるに違いありません。彼らは「やろうと思えばできるはずだ！」と本気で思っています。つまり自分たちの「見積もり」を信じているのです。

その盲信に逆らうのは、容易なことではありません。

実際、私自身がこの原稿を「どう考えても余裕のない中で書き上げる必要」に迫られています。仕事とはそういうものです。

私はこれまで20年近くの自分の行動記録を、ほとんど1秒の間も空けずに残してきました。1ヶ月やそこらで自分に書ける文章量は、こと自分に関する限りは他の誰よりも熟知しています。

しかし、その私の言葉では出版社の人を納得させられないわけです。「やればできる」と考えられてしまうのです。つまりその信念をくつがえすには「20年の事実の蓄積」ごときでは足りないわけです。

先述した「だから消耗しないために時間の余裕をもつべきだ」というのはいかにも、もっともらしい発想です。

しかし、現実はそうはいかないのは、いちおう納得してもらえたと思います。

人間には「タスクにかかる時間を見積もる能力」はありません。先を読む予知能力もまったくありません。しかし「私にはある！」と信じる傾向が強いのです。

以上を「前提の条件」としなければなりません。

POINT

私たちは、１００分先の予測もままならない

3

なにが起きても「消耗しない」と決めてしまう

前項で、「私たちは誰もが時間を見積もりたがるが、その予想は正しくない」と伝えました。ここで大事なのは、

仕事の約束を守れなかったり、締め切りを破ってしまったりするアクシデントは必ず起こる。しかしそれによって心を消耗しない！

と、自分で「確定」してしまうことです。

誰になんと言われようと、ここをゆるがせてはなりません。ここでゆらぐと「心の消耗」から逃れられる日は永遠に来ないでしょう。

この本で紹介する仕事術は、すべてそのためのものだと考えてください。

たとえば「タスクにかかる時間を見積もる」という仕事術を私は提案します。

しかしその目的は、「プロジェクトに必要な作業を洗い出し、その作業にかかる時間を予測し、少しの余裕をもって締め切りを設定し、消耗することなく平安な心で粛々と仕事に取り組むため」では全然ありません。

そんな夢のようなハウツーはこの世にないのです。

もしそのような「正確な見積もりと余裕をもった締め切り」を本気で望むなら、私はこの本を書くのを辞退したでしょう。

この本がこの世にあるということは「余裕をもった締め切り」などありえないことのひとつの動かぬ証拠なのです。だって私は、本書の執筆を「締め切りまでには書きあがらない」と確信して引き受けたのですから。

では、なんのために時間を見積もるのでしょうか?

それは、「見積もれないくせに見積もれると思い込んで動こうとする自分」を目で見て何度も確認するためです。

「間に合う」と思いたがっている仕事があふれ始めると、心の許容量を圧迫します。

しかし、そもそも「間に合うわけがない」のだとわかっていれば、そしてたとえ「締め切りを守れない事態を招く」と想像しても、それを自分の心で受けとめてあげることができれば、心は消耗しません。

反対に、見積もりをうっかり信じてしまうと、自分を責めてしまうのです。

「1ヶ月もあれば1冊くらいは書けるのではないだろうか？　本当に自分は真剣に取り組んだだろうか？　遊ぶ時間をゼロにすればできたのではないか？　自分にはムリでも親指シフトを学んでいるというあの人になら書けたかも……」

などと考えかねないのです。

このような考えこそが心のスペースを占有し、消耗させる最悪の原因です。

また、他の人が「不正確でも見積もりを信じる」ことをわかってないと、私は他人を責めたくなるでしょう。

「そもそも1ヶ月程度で本が書けるわけがないのに、どういうつもりなんだろう？　親指シフトを学んでいるというあの人になら書けるというなら、話をそっちに持っていけばいいのに……。佐々木は貧乏だから仕事を恵んでやろうとでも考えたにちがいない！」

という程度の「腹を立てるアイデア」はいくらでもエスカレートさせられるものです。こうした怒気《どき》に包まれて仕事を進めていれば、誰でも消耗します。

なぜなら、やはりこのような不毛な発想も「心のスペースをムダに使う」からです。

自分を責めることに、エネルギーを使うのはやめよう

しかし、仕事の見積もりが正確なはずはなく、未来の予測がデタラメだと確信できれば話は別です。

1ヶ月で書きあがらずとも、私は自分を無能だともサボっていたとも思いません。

編集さんに「なにをしていたのですか？」と言われても「ちゃんと書いていまし

た」と自然と答えられますし、「どうするつもりです？」と尋ねられても「締め切りを延ばしてください」とすんなり言えるでしょう。

一寸先は闇であり、未来の予想はウソです。誰になんと言われようと、ここをゆるがせてはならないのです。

さらにいえば、誰がなんと言ってきても、私はその人たちに1ミリも腹を立てません。人は未来の予想をしたがるもので、それを信じてしまうのが基本の性質だからです。

花粉症の人が電車でくしゃみをしたからといってそれに腹を立てないのと同じで、変えようのない性質に対して怒る理由はありません。

もしあなたが、電車の時間に間に合うか乗り遅れるか、社内プレゼンの準備をどうするか、などといった具体的でちょっとした計画を立てたくなったら、時間の見積もりを含んだ細かいリストを作成してみましょう。

そして、実際はどうだったかをつぶさに観察して記録しましょう。

まず100パーセントといっていいほど、最初の予想は滅茶苦茶なもののはずで

す。それでも予想するのはやめられないでしょう。誰もがそうなのです。

誰もが、

①仕事にかかる時間を見積もりたがる

②その見積もりは確実にまちがっているが「おおよそ正しい」と信じてしまう

ものなのです。

そのように確信できれば、締め切りや時間のことで自分も他人も責めなくなります。責めなければ、消耗もめっきり少なくなるはずです。

POINT

「間に合うはず」と信じるのをやめると、疲れなくなる

4

達成は未来に置かず、「目の前の仕事」に置く

どんな仕事術でもかまいません。ＴｏＤｏリストでもデジタルノートでも、私が推奨する「タスクシュート」という管理ツールでも同じことがあてはまります。

今後は決して、

仕事の達成を未来に求めない

ようにここで決めてしまいましょう。

仕事をしていれば「締め切りが遠いプロジェクト」のように大きな企画もあれば、「住所の宛名書き」といった即座に終わる作業もあります。

なにをしても、イマココで、実行中の目の前の作業が完了したら「自分のやるべきすべてがいま終わった！」と実感し、最高の達成感をその瞬間ごとに得てしまう習慣をつけましょう。

これは習慣なのです。逆に「遠い未来の大きなプロジェクトが終わるまで達成感をお預けにする」のも習慣です。

生まれたその日から「プロジェクト達成までは満足しない」と考えている赤ん坊などいません。「せめてつかまり立ちができるようになるまで、なにも達成したとはいえない」などと幼児は考えないものです。

つまり、もしあなたが「いまやっているメールに返信してもなんの達成感も得られない、プロジェクトXが大成功に終わるまではなにも達成した気がしない」のだとすれば、そのように考える習慣をつけてしまったせいなのです。

生まれていまに至るどこかの時点で、「そう考えるクセ」を自分でしつけたのです。

仕事の大小に関わらず、達成感を味わっていい

B・F・スキナーという高名な心理学者が「すべての人間の習慣は、報酬によって学習される後天的な行動」だと考えました。これは現在に至ってもくつがえされてはいません。

もしあなたが「達成感を得るには、遠い大きなプロジェクトを完了させたときだけ」と考える「習慣」を身につけているのであれば、そう思ったほうが「いいことがある！」と報酬によって学んだにすぎません。

おそらくその報酬の中でも典型的なのが「受験の合格体験」でしょう。

遠い未来の大きな報酬です。そのインパクトはかなり大きかったはずです。思春期に達成して涙を流すほどの体験は、少ない人なら「受験だけ」といってもいいかもしれません。

しかしどれほどインパクトが大きくても、この「習慣」はここで打ち切り、今後は逆方向に進むべきだと私は思います。

これからは、「ついさっきの達成」と「現在進行中の行動の完了」と「次の作業の成功」の、せいぜいその3つだけにしぼりこむべきだと思います。

☑個別の面談
▶プロジェクトの資料作成
□お茶をいれる

つい先ほどには「個別の面談」を達成したのです。

いま現在はプロジェクトの資料を作成しています。

終わったらお茶をいれます。

ここに大げさにいえば、「人生の達成」をみましょう。

そうでないと、一寸先にはなにが起きるかわかりません。10年後の大成功に人生の価値をかけていたとしても、それができる保証はまったくありません。うまくいかなくなる条件はいくらでも思いつくでしょう。結局途中でイヤになってしまうリスクが高すぎるのです。

ここまで極端ではなくても、プロジェクトXに重きを置きすぎると「今日1日はなにもしていない」としか思えなくなるものです。

しかしこれは、しつこく繰り返しますが習慣にすぎません。

私たちは決して「遠い未来の立派な仕事」の達成だけに価値を認めて、感情を揺さぶられる生き物ではありません。寒い冬の夜に帰宅して、湯豆腐を食べただけでも同じくらい感動することのある生き物です。

そうであれば、なるべくひんぱんに、小さな出来事にも大きく喜べるほうが圧倒的に生きやすいはずです。

個別の面談がつつがなく終わったら、喜んでいいはずです。

プロジェクトの資料が1ページでも完成したら、そこで異動することになっても心から納得できるようになりましょう。

そしてお茶を飲んでほっこりしましょう。

まったく難しいことではないはずです。

POINT

結果を出しても、達成感や充足感を得られない人もいる

5

仕事は増えても、リストはひとつ！

この発想に賛否があるのは知っていますし、それをむげに否定するつもりもありません。しかしやはり、1993年に『「超」整理法』（中公新書）で野口悠紀雄さんが提唱して以来の「情報は一元化したほうがベター」に私も同意します。

いわゆる個人が入手できる情報は増えました。仕事も増えています。だから、情報やスケジュールを扱うツールを「ひとつに絞る」などというのは現実的ではないかもしれません。

それでも私はやはり、とくに「タスク管理」に関しては、できるだけひとつに絞ったほうがいいと思うのです。

理由はシンプルです。時間は増えていないし、生身の人間の処理能力もあまり変わっているとは思えないからです。

たとえば、タスク管理するにあたり、タスクリストの他に、プロジェクト管理ツールやそれこそEvernoteのようなデジタルノートをくわえても、いたずらに「リスト」が増えるばかりだと思います。

そのリストに書いたメニューをこなす時間などありません。見返すヒマすらないでしょう。見返しもしないリストに「やること」を書いたところで役に立ちません。

どうしてもやらなければいけないタスクは、「確実に読み返すリスト」に書き込まなければなりません。

だから私は、タスクシュート一本にすべての仕事を書き込みます。

今日やるタスクはすべて「タスクシュートの1日のシート」にデイリーリストとしてあげます。

仕事に関わる情報も、可能な限りはここに集約させています。

ミーティングで決まった約束や、次に済ませておく手続き、オンラインセミナーの

URLなどなんでも「タスクシュートのノート」にできるだけ集めています。

多くの仕事を抱え、締め切りについて変更を迫られ、そんなときに新しい用事を口頭で告げられるだけでも「パニックになる」という人がいます。

これは「心のキャパシティ」がいっぱいになりかけているのです。これ以上は入れられないところまで、なみなみとつぎ足されてしまったような状況なのでしょう。

そんな場合には、よく「リストを作りましょう」というごく当然のアドバイスがなされます。リストに記録し、手帳に予定を書き入れれば「心のスペース」が少し空きます。

このときのホッとした安堵の気持ちが鮮烈なのでしょう。このために、人によってはなにかといえば「リストを作りたがる」ようになります。

しかし、長いリストをいくつも用意しても「心のスペースが一時的に空く」だけで仕事が進むわけではありません。今度はリストがあふれ、結局は気持ちが焦り、消耗するようになります。

タスクリストには「必ずやること」だけ書く

だからこそ、リストを短く、少なくしましょう。

私は「ミニマリズム」を主張したいわけではありません。必要な作業をしたほうがいいと思うし、必要なモノは持っていったほうがいいでしょう。

私自身のデイリーリストが短いとは決して思いません。1日あたりの項目数は30〜40といったところです。この数は少なくないと思います。

持ち物も「手ぶらで出かけられる」などという人間ではありません。それなりに大きな黒いリュックにいろいろなモノを詰めて出かけます。

極端に短いリストでなくていいのです。でも短くしたほうがいいのです。

リストを短くするためにも、

- やったほうがいいこと
- やりたいこと

のどちらも決してリストに書かないようにします。

なぜなら、人間も現実もダイナミックに変わり続けているからです。

朝の7時30分にやりたいと思った「リスキリングの学習」も、夜の7時30分にはまったくやりたくなくなっています。

「やったほうがいいことリスト」や「いつかやりたいことリスト」などは数時間も経つと古くなって使い物にならなくなるのです。

いわゆるタスクリストやToDoリストというのは、イマココでしか役に立たない「ナマモノ」なのです。このことはたしかに覚えておく価値があります。

その賞味期限は非常に短く、せいぜい半日です。使っていて役に立つリストとは、3時間ごとにどんどん中身が変わっていくはずのものです。

私が「タスクシュート」を相棒として信頼しているというのは「ここ3時間のログ（記録）と実行中の作業とプラン」だけにしぼっているからです。

4時間より前は「思い出」にすぎず、4時間から未来は「霧の中のファンタジー」

にすぎません。

私はよく、２０１１年3月11日の午後2時から渋谷のやや老朽化したビルの最上階でランチ・ミーティングしていた当時の自分を思い出します。

ほんのわずかでも未来を予測できていたなら、あんなところには絶対にいなかったでしょう。生きた心地がしませんでした。

プランとは「一寸先は闇」の中に置かれているモノです。「そうできたらいいね」という以上のものではありません。

POINT

リストを作ることで、安心できるのは一時的なもの

6

「時間」を投資しない

職場で自分を取りつくろうと、人は消耗します。

少しでも早く回復するために、帰宅してからしばらくはダラダラしたいものです。

そこでやっと「本当の自分」が生き始めるのです。自宅でまで「自然の自分」を抑えつけてしまったら、ますます消耗してしまうでしょう。

しかし人はよく「ダラダラと役にも立たないスマホゲームに時間を費やしてしまった」と嘆きます。それはまちがいです。

会社で8時間も、「本当の自分」に息をさせない時間を過ごさせたのです。その後になにをするのも「ムダ」などとはいえません。

仕事場ではムリでも、せめて家では「あるがままの自分」をまず十分に受けいれましょう。すべてはそれから始まります。

ここで私が伝えたいのは、「本当の自分」と「そうでない自分」を区別しなければならないということです。

あるがままの自分を抑えつけ、ムリな我慢を自分に強いれば、誰でも必ず消耗します。**職場から出たら徹底して「本当は私はいまなにをしたいのか？」だけを自問しましょう。そのことだけに集中してみるのです。**

「私は本当はなにがしたいのか？」と尋ねて、スマホでマンガを読みたいのが本当の気持ちなら読みましょう。カツ丼が食べたいなら食べましょう。

「それでは時間がもったいない」とか「健康に悪い」とかいった、「雑念」に惑わされないようにしてください。

これらの「雑念」の多くは、「世間からのアドバイスだ」とあなたが信じている言葉のことです。

しかし世間は広く、意外にも正反対のアドバイスが飛び交います。

「意に沿わない人とでもなるべく交流するといい」と言う人もいれば、「あなたを傷つけるような人とは即座に縁を切るべき」と言う人もいます。

どちらも、「世間からのアドバイス」ということになるはずです。

私は専門家を含めて、他者からのアドバイスを積極的に排して生きてきました。

理由はいま述べたとおり、「正反対のアドバイス」のどちらを採用するにしても、結果はすべて自分がこうむるしかないからです。

「世間のアドバイス」はしょせん他人事

たとえば、私は運動をしませんし、英語や中国語といった語学の勉強もしません。デザインやプログラミングのスキルを身につけていません。

投資もしていなければ、老後に備えた貯蓄もまったくありません。

人生の目標はなにももっていないし、明日の計画すら立てていません。記録もメモもほとんど手元にはありません。

以上のどれもなんの自慢にもなりません。

参考にしてもらう必要もありません。

ただ私は50歳になりました。50年という長いとはいいがたいものの、もはや短いとはいえない経験から考えてみて、**「〝未来への投資〟という名目で現在の時間を少しでも犠牲にするのは虚しいものだ」とつくづく思い知ったのです。**

30代の後半から、じつにいろいろなことが起こりました。

まず2011年に東北の大震災がありました。私は渋谷にいましたが、生きた心地のしない揺れを生まれて初めて経験しました。

それからというもの、日本のあちこちで震度7クラスの地震が発生しています。2010年以前には考えられなかったことです。

その後も、2019年には新型コロナが世界中で広がりました。私自身もかかりました。さらに、2022年にはロシアによるウクライナ侵攻が起こりました。

「未来への投資」が十分に意味をなすには、わずかにせよ先が読めなければなりません。日本人の多くがいまなお、英語の勉強に精を出すのは、将来の役に立つと思うからでしょう。5年後には世界で誰も英語を話さなくなるのが確実になったら、英語の学習産業はただちに崩壊するはずです。

世界には、未来をいくらかにせよ「読める人」もいるのかもしれません。

しかし私にはまったく読めないのです。1分後もわかりません。

「老後」に至っては存在すらあやしいものです。

私は40歳になった頃に「未来への投資」をあきらめました。するとたちまち、少なくともそれまで経験しなかったほど心が軽やかになりました。

それ以前は消耗していたのです。それがなくなりました。

消耗しないためにも、いますぐただちに「未来への投資」を全部やめてしまいましょう、とは私はすすめません。そもそもいま、それはできないという事情を抱えている人もいるでしょう。受験勉強に精を出している真っ最中かもしれません。

ここで伝えたいのは、「未来への投資」は「消耗というコスト」をともなうというひとつの事実です。

だから受験はたった1年でも「地獄」といわれもするのです。
「投資」の時間は犠牲の時間でもあるのです。
犠牲はなるべく減らしたいものです。
減らすのがムリでも百歩譲って、むやみに増やさないようにしましょう。
それだけでも、グッと消耗をおさえられるようになります。

POINT

ダラダラと漫画を読むことも、必要な時間

7

「7時間寝る」ために1日を組み立てる

これはただこれだけです。

1日、最低でも7時間は眠るようにしましょう。

私は7時間30分から8時間くらい寝るようにしています。

そもそも私が「タスクシュート」などで時間と行動の目安をつけているのは、7時間は寝られるように計画するためでもありました。

まず朝はだいたい7時に起きます。

その時点でタスクシュートをチラ見し、少なくとも同じ日のうちに、つまり夜の23時台にはベッドに入れるかどうかを確認します。

そこから、いくつかの時間のポイントごとに、23時台に寝られるかどうかをチェックします。たとえば、朝ごはんを用意して食べ終わったとき、やはり23時に寝られるかどうかを見ます。

さらに、できれば1日の早い段階で、人と会う約束があればその時間に間に合うかどうかをたしかめます。昼の14時に東京駅で待ち合わせるなら、家を12時台には出なければなりません。

このように、私のタスクシュートの運用ルールはとても単純です。

・約束の時間は守らなければなりません。
・締め切りが迫っている仕事から先に手がけます。
・夜の23時台に寝ます。

あとは好きなことを好きなようにするだけです。

寝ることで、だいたいのことは解決する

消耗に対していちばん効く薬は、「睡眠」だと私は信じています。理由を挙げると、「心のスペースを占有していたいくつかの記憶」が睡眠中に整理されるからだろうと考えます。

そういう意味では、睡眠はハードディスクの「デフラグ」とどこか似ています。**「心の許容量」が圧迫されたまま仕事をすると、仕事は進まず心理的な疲労も増大します。眠りはそんな私たちを「再起動」してくれるわけです。**

人間関係も大事ですし、好きなことをするのも悪くないでしょう。**しかし、そのどちらも「十分に寝られたうえでの話」だと思うのです。**

これにいわゆる「エビデンス」を探せば見つけられると思います。しかし私はあまり証拠を探す意欲がわきません。

私自身はもう50歳になります。幸いこの歳まで、本格的な神経症や精神障害で仕事

がまったくできなくなったという経験がありません。

そして、そのことと「生まれて1日も徹夜をしたことがない」ことは深く関係しているると感じているのです。

日本人は空気を読みすぎるとか生きづらい世の中を作り出すとか、いろいろな「民族性」がいわれます。私はその「日本人は」という主語の大きさに不信の気持ちがあります。

しかし、「日本人は睡眠時間が短すぎる」という言説だけには同意します。

私たちはもっと長く眠るべきです。

POINT

しっかり寝ることで、思考も感情もリセットされる

8

やりたいことなら、3分以内にすぐやろう

この本を読むような人は、おそらく「リスト」を多く持っています。

「いつかやりたいことリスト」とか「サムデイリスト」とか「ウィッシュリスト」とかいった願望実現リストを、2つや3つは持っているでしょう。

私は以前、そのようなリストを「捨てる」ようにいってきました。

でも、それはさすがにいいすぎだったと反省しています。

いまは、そのようなリストを「引き出しにしまっておきましょう」くらいにとどめておきます。


どちらにしても、二度と見る必要はありません。

なにより人間は変わるものです。いまやりたいことが、明日もやりたいとは思えません。いま欲しいものも、来週には欲しくなくなっているかもしれません。

「そんなことは言われなくてもわかっている」とよく言われます。

でも、わかっているとは思えない人がたくさんいます。

やりたいことはやりたくなくなるのです。だからこそ「サムデイリスト」はいつまでたっても「サムデイ」のままなのです。そんなものをたくさん作っておいても、罪悪感がつのるばかりでいいことがなにもありません。

しかも、そもそも罪悪感を抱く理由がありません。

やりたかったことがやりたくなくなったとして、それは「罪悪」なのでしょうか？

人が変わるだけではありません。状況も刻一刻と変化します。

たとえば2020年の3月には、経済は長いデフレ不況から少し持ち直してきたとはいえ日経平均株価は1万8千円台でした。

それがわずか4年後に、4万円台を突破しました。

この間「株式投資をしたい」と思っていた人はたくさんいたでしょう。しかしいつが最適のタイミングだったかは、誰にもわからないでしょう。

人それぞれの懐事情にもよります。つまり、人も世の中もなにもかも毎秒ごとに変わっているのです。いまもです。

このように人や状況が変わりゆく中で、「やりたかったことのリスト」の価値は、おそらく毎秒ごとに下落します。

「やりたかったこと」は「やりたかったかもしれないこと」に変わり、やがては「やりたくもなんともないこと」になります。

「やるべきこと」もまた「やるべきだったかもしれないこと」になり、すぐに「やらないほうがマシなこと」になるでしょう。

そんなものをふり返って「できなかった罪悪感」にさいなまれていては、気力が落ち込んで当たり前です。

だから私としては、やはりシュレッダーにでもかけるのがいちばんだと思います。

それが惜しいというのであれば、二度と目につかないところにしまい込むなり、他の人にあげてしまうなりするのがおすすめなのです。

「リストに書くこと」が目的になっていませんか？

しかし、それではいつまでたっても「やりたいことがやれない」のではないか、と不満に思われるかもしれません。そんなことはありません。

やりたいことを「ウィッシュリスト」に保存したからといって「やりたいことができる」わけでないのは、すでにほとんどの人が経験済みのはずです。

リストに日付があるかないかも関係ありません。

やりたいことはできます。やりたいときに、すぐやることです。リストに書く前にやります。

できればやりたくなってから3分以内にやりましょう。

3分後には別人になってしまうからです。どうしてもムリだというのであれば、せめて1日以内にはやりましょう。

もっと時間が必要な、たとえば旅行などに行きたくなったら、なるべく即座にできることをやっておくべきです。

すぐ旅行に行けなくても、ホテルの予約はできるでしょう。

わざわざリストを使う必要はありません。

1日も経たずに忘れてしまうようなら、やらなくても困らないことのはずです。

POINT

リストを作ったときの自分と、いまの自分は別人

9

どんな状況でも、時間はいくらでもある

「時間はなくならない」とか「時間は豊富にある」とかいった主張を、私はセミナーや書籍やウェブ連載などで機会があるたびにしてきました。

そして、そのつどスルーされてきました。

他の話は聞いてもらえても、「時間はある」については信じてもらえません。

それほどまでに私たちは、「時間が足りない！」という考えを叩き込まれてしまっています。

本の最初に「こんにちにおいて、時間ほど貴重なリソースはない」と書いておけば、それでおおむね納得されるのでしょう。実際、仕事に追いまくられて本当に時間がなさそうな上昇志向の鬼のような人であっても、あるいは資産家で余生を楽しむよ

うな人であっても同じことを言うのです。

とにかく「時間はない！」と言うのです。

しかし私は人生のどんな時期にも、およそ「時間がなくなった」経験はまだありません。中学受験で悲惨だった時代も、大学浪人でぼんやりしていた時期も、著者としてかなり忙殺されていた時期も、どの時期も同じでした。時間はありました。

お金はなくても、時間だけはありました。

もちろん「締め切りまでの日数が足りなくて忙しい」との気持ちに焦らされたことはあります。それをいえばいまもそうです。

とはいえ、それはあくまでも「締め切りまでの日数」が少ないのであって、時間がないのとは根本的に異なります。

この本の原稿の締め切りは、いちおう2024年4月30日となっています。

4月10日の段階ではまだ1章の最後を書いています。つまり残り4章もあって、締め切りまでは20日しかありません。

これを人は「時間がない！」と言うのでしょう。

でもこれは「締め切りまでの日数がない」だけであって、時間はあります。

たとえ原稿が書きあがらないまま5月1日を迎えてしまっても、時間はなくなりはしません。

この2つを明確に別けて考える習慣をつけましょう。

編集さんには不愉快に思われるにしても、私は原稿を放置して、5月のGWを「使って」、家族でディズニーランドに出かけることだってできます。

連休を使えるというのは、時間を「使える」という意味です。

あるから使えるのです。

「時間がない問題」は心持ち次第で解決する

でも、そんなことをしたら良心が咎めるでしょう。だから「消耗」するのです。

そのような人のために私はこの本を書いているのです。

「良心が咎める」のと「時間がない」のを、ごちゃ混ぜにしておいてはいけません。

多くの人が、時間のやりくりに気をもむのは、締め切りを破る罪悪感をもちたくないからです。

つまり、良心が咎めないようにするために、私たちは時間のやりくり上手になりたいわけです。そのために「時間術がある」と思い込んでいます。

しかし、それはまったくの誤解です。世に時間術はそれこそ豊富にあり、しかもいずれの時間術でも「時間がない問題」は解決されていません。あいかわらず人々は締め切りに追いまくられ、良心が咎め、心身を消耗しています。

「時間術」に期待するのは、もうやめましょう。

すでに述べたとおり、そもそも、締め切りの設定がまちがっているのです。

しかし私にも、そしてこの本の読者にも、ムリな締め切りを「正しく設けなおす権力」はないでしょう。そんなモノがあればこんな本を読む理由がありません。

では、時間術には期待できず、ムリな締め切りは受けいれるとしたら、いったいどうすればいいのでしょう？

その答えは、私としては「良心を痛めないこと」に尽きるのです。

あえていえばそれが私の「仕事術」なのです。

締め切りまでの日数が足りなくても、時間は豊富にあります。心ゆくまで時間を使って仕事にじっくりと取り組みます。

それでは締め切りに間に合わないかもしれません。

しかしそこで焦ってはならないし、心を痛めても意味がありません。

人には責められるかもしれません。

しかし、怒られても叱られても仕事を干されても「時間はあり続け」ます。

誰も私からもあなたからも、わずか1秒も奪うわけにはいかないのです。

いわば「時間」のことなど忘れてしまったらよいのです。どうせ永遠になくなりはしないのですから。

おそらくあなたは、このような「時間はいくらでも使える感覚」で仕事を続けてみたためしがないでしょう。

やってみると驚くほどの効果があります。ある意味では仕事が速くなります。それが「心の余裕」の成せるワザというべきです。

心のスペースを「締め切りに間に合わない恐れ」で埋めつくしてしまうのはもうや

めにしましょう。そんなことをしても、いうまでもなくなんの役にも立ちません。

「頭ではわかっているけど……」とよくいわれます。そのとおりでしょう。

それならばここで「わかっている頭」を信じておきましょう。

他人からキツく叱責されたり、メールで厳しいことを書かれたりするのを怖がらなくて大丈夫です。そんなものは「音声」にすぎず「テキスト」にすぎません。

本当に「恐れ」を排除できて、心のスペースに余裕が生まれたら、そのスペースを使って仕事をグンと進められます。

もしかしたら、ムリな締め切りでも間に合うかもしれません。

POINT

「罪悪感」や「焦り」は、時間術では解決できない

第 2 章

先のことを心配してばかりの“習慣”をやめる

瞑想をはじめ、「イマココに集中する」重要性はよく説かれます。それだけ未来や過去を考えないのは難しいもの。ですが、これは「習慣の問題」といえなくもありません。この章では、先のことを考えるのをやめて、現在の行動に集中するコツを紹介します。1分でいいので、ぜひ試してみてください。

10

消耗しないコツは、思考を止めること

アメリカ発の有名な仕事術である「ゲッティング・シングス・ダン（GTD）」は、いきなり時間を費やして「気になっているすべてのこと」を紙に書き出すようにいいます。

私が推している「タスクシュート」では、「今日中に手がけるすべてのこと」をひとつのシートにリストアップします。

両者はまったく異なる方法です。しかし、共通点もあります。どちらにも、「思考を止めて手を動かす」作用があるのです。

先のことを考えると、私たちの心は消耗します。

「あれもこれもまだ終わってないのに、さらにあのプロジェクトと、さっき言われた用事と、ずっと手をつけられていないことなんかで頭がパンクしそう！」

となってしまうのです。

気になることを紙に書き出すのであれ、シートにリストアップするのであれ、「それらについていちいち考えなくてもよくなる」という利点は得られます。

これは、用事を忘れなくなるというよりも、思考を止めるわけです。

ただ、思考がすっかりクセになっている人も少なくありません。

とくに消耗しがちな人ほど、考えごとに浸る習慣があります。中には、「思考を止められるわけがない。私は自動的に思考してしまうのだから」と抵抗する人もいます。

でもそれはまちがっています。思考はそれほど特別なトレーニングを積まなくても、だいたいにおいて止めることが可能です。

いまでは、どんなスマホにもタイマー機能がついているでしょう。1分間だけセットしてなにもせず、いっさいの考えごとを停止してみてください。

最初から欲張って、瞑想やマインドフルネスに挑戦するのはやめましょう。

「これではとても泳げるようになれそうにない人」でも、練習して水に慣れれば不思議なほどラクに泳げるようになります。考えごともこれに似ていて、考えないほうがずっとラクだと気づくことができれば、そこからは早いものです。

考えるのをやめてみたら、ものすごくラクになった

私も以前は、「今日はあれとこれをし、明日はああしてこうして、これを1週間続ければ……」などと考えずには仕事ができませんでした。

それがいまでは、明日の予定など頭に浮かべるのもムリで、それどころか午前中には午後の予定すら想像できません。

これは、努力して「考えるのを止める習慣」を試行錯誤した成果です。

どうせ「先の計画」を立てても役になど立たないのです。

以前の私は、一年中24時間の記録を残し続けていました。その精密な「過去のデータ」をもとに「先の予想」をしていました。

ここまでやれば、少しは役立つ計画を立てられそうに思うでしょう。

しかし、結果としては「2日先の計画」ですら支離滅裂なものでした。


初めは少し怖いでしょう。

でも、少しでいいから私を信じてトライしてみてください。

仮にうまくいかなくても、失うのは1分です。

思考を止めるのが怖くても、考えないのは1分だけです。1分経ったらいつもどおり頭が痛くなるまで、「考え」と「悩み」に浸りたいだけ浸りなおせるのです。

特殊なドラッグも、アルコールもカフェインすらいりません。タイマーを使って1分間、なにも考えないだけです。

それでも習慣にできれば、消耗せずに仕事を進められる精神が手に入ります。

POINT

いましている作業のことだけ。次にやることは考えない

11

タイマーを1分間セットして、ダッシュしてみる

これを以前は5分でおすすめして、「5分だけダッシュ」と名づけていました。

やることはしごくシンプルです。タイマーを5分でセットし、その間だけダッシュしてたとえば部屋を掃除するのです。

これをさらに短くして、「1分間ダッシュ」するというわけです。

やることはなんでもかまいません。

ただ、これは「ダッシュ」して「1分間で終了」にしましょう。

片づけてみたら思った以上にできそうだからといって、1時間も2時間もやってしまわないようにします。1分でいったん終了、できればそこで切り上げましょう。

この方法のメンタルへの効果は、不思議なくらいにあります。

少なくとも先に述べたとおり、思考が停止してくれます。さらに作業が進みます。思考を止めて作業を進めるのが、心の消耗を防ぐ小さなコツなのです。

逆に思考だけが走って行動が止まったままだと、心は激しく消耗します。

頭の中で「やらなければいけないこと」や「できたときの達成感」を空想し、その空想が体を駆り立てるのに、現実はひとつも変わらないというのはつらいものです。

取りかかってみる「1分着手」

「1分間ダッシュ」とは別に「1分着手」というやり方もあります。

これは拙著『先送り0』（技術評論社）で説明したやり方です。こちらもとても簡単で誰でもすぐにできます。

少なくとも1分間、作業や仕事に「取りかかってみる」というだけです。

ただしこちらは、「1分間ダッシュ」のように1分で必ず打ち切るのではなく、続けてやれそうだったら作業を続けましょう。

そういう意味で「ダッシュ」しなくていいと思います。
あくまでも、1分間はダラダラとでもいいので作業すればいいわけです。
これは場合によっては2時間、3時間と続けてしまってもかまいません。

まとめると、「1分間ダッシュ」と「1分着手」のちがいは、「1分でやめる」と決めておくかどうかだけです。

これは先に決めておき、それだけは守るようにしてください。

「ダッシュ」のほうは「ダッシュすること」にも意味があります。
続けてしまったといっても、1時間もダッシュし続けられるものではありません。

POINT

「思考が走って行動は止まったまま」の状態がいちばん消耗する

12 「1分間ダッシュ」で部屋を整理する

先に、1分間ダッシュでは「なにをしてもいい」といいました。

この項目では、1分間ダッシュするのを「整理」にしぼります。

整理は、掃除でも片付けでもかまいません。

大事なのは、整理や掃除に「1分着手」するのではなく「1分ダッシュ」するところです。つまり手がけるだけでなく、ある程度やりきらなければなりません。

私は掃除が苦手ではありません。自分の書斎はだいたいにおいて片付いているほうだと思います。

そんな私が、整理や掃除が苦手という人の話を聞いてよく思うことがあります。

彼らは「掃除」というものを大げさに考えすぎている、ということです。

私は、整理収納に関する本を買ったことがほとんどありません。その手のネット記事やYouTubeも見たことがありません。100円ショップの収納グッズもほとんど買いません。そんなことをしなくとも、部屋の整頓など「秒」でできます。

「それはおまえの部屋が片付いているからだ」と思われるでしょう。否定はしません。しかし、ほとんどの部屋は、数百秒でいちおう見られるくらいにはなると思います。それで十分のはずです。整理術、収納術など必要ありません。とりあえず片付けばいいのです。そのためには60秒でたくさんなのです。

整理こそ、「1分間ダッシュ」の効果を実感できるまたとない機会です。

時間はかかりません。体力もいりません。あっという間にみるみるうちに片付きます。「自己肯定感」も「自己有能感」も、これほど手軽に手に入る活動はないと思うのです。1分で結果が出せるのですから。

POINT

「ある程度でもやりきる」ことで、自信は育っていく

13 「1分間ダッシュ」でメールの返事をする

顔を見ただけで話もできなくなる「いかめしい上司」からきたメールへの返事が滞っているとします。

そもそも、そんなメールへの返事を滞らせるべきではありません。

しかし、そんなことは「百も承知」でしょう。

わかっていてもできないことが、この世にはたくさんあります。

これに限らず、返事や要望をつい後回しにする人の心理には、「失礼があってはならぬぞ！」という自らへの強すぎる戒めがあります。

「バカなやつ」とか「厚かましい」とか相手に思われるのを、なんとかして避けたいのです。

私はこの種の思いへのひとつの対策として、「1分間メールダッシュ」をおすすめすることがあります。

話を聞いていると滞っているメールには、ただ「了解しました！」とか「お願いします！」と1行打てば済むケースがいくつもあります。

いかめしい上司にしてみれば、「了解しました！」と言ってくれれば済むようなメールがなかなか戻ってこないのでは、むしろイライラしてしまうでしょう。

しかしやはり、「わかっていてもなかなかできない」というわけです。

だからこそ、1分間タイマーをセットして、返事してしまいましょう。

1分間というのは、思考するにはあまりにもわずかな時間です。

しかし、1行のメールを返すなら十分な時間でもあります。

「あれこれ思いを巡らす」隙を自分に与えない

「わずかな失礼もないように！」と考えれば考えるほど、メールは長くなり、文が長くなれば「失礼の可能性」がむしろ増します。

しかし、「承知しました！」なら間違いようがありません。

これを、「私ごとき無能非才のごときものにあなたのような偉大な方から要望をいただき恐れ多いことでございます。このような大役は本来辞退すべきと存じますが、それもまた失礼かと愚考し、いえ決してご要望を承りたくないとはみじんも考えておりませぬが、しかしなにぶんにも浅学非才の身にて、身に余る大役を仰せつかまつることへの不安を打ち払い、あえて厚かましくもお引き受けいたそうと考え抜いた所存でございます！」と書くと話が伝わりにくくなるでしょう。

誤字や脱字も増えそうです。もちろん1分では返事ができなくなります。

心も消耗し、時間も消費します。

なるべく「承知しました！」で済ませるようにしましょう。相手の心証もおそらくよりよくなるでしょう。

POINT

たいていは、1行の返信でことたりるものばかり

14

定期的に「オフライン休憩」をとろう

ビジネス書や仕事術の用語として、「ノマド」が流行った時期があります。

飛行機や新幹線での移動中や、出先のカフェでも「仕事のできる環境」を用意しておくというアイデアでした。

むしろいまでは、当たり前と思われるかもしれません。

都内のスターバックスはもう、コーヒーを飲むための席など見つけにくくなりました。電源を使って作業している人でいつもいっぱいです。

しかし、この「ノマド」はしばしば少し異なる意味で使われる言葉でもあります。

たとえば、「オフィスではいつも電話や誰かに割り込まれてしまう。それをシャットアウトするために喫茶店にこもって仕事を片付ける」というようなことを「ノマド」と言う人もいました。つまり、まとまった時間を確保できないビジネスパーソンの切実な生活の知恵というわけです。

この「カフェごもり」を通信の環境に応用してみましょう。

ただし、仕事のためではなく休むためにするのです。

やろうと思えばじつに簡単にできます。

「本当のひとり時間」を確保する

まずスマホを「飛行機モード」にします。これでほとんど通知や通話は届かなくなります。さらにパソコンのWi-Fiをオフにします。

この状態で「休憩」をとるのです。

初めのうちは落ち着かないかもしれません。

しかし、少しずつ静けさに心が洗われるような気持ちになれると思います。

いまや文字どおり、24時間どこにいてもとぎれなく「オンライン環境」を確保できるようになりました。もちろん便利ではあるでしょう。

けれども、これではいつでもどこにいても仕事をさせられ、居場所を見張られているようなものでもあります。

もし「オフラインにしたら気持ちが落ち着いた」のだとすれば、なんらかのノイズにずっと囲まれていたということでもあります。

POINT

自らシャットダウンしないと、ノイズからは逃げられない

15

イヤな場面で「映画の登場人物」になりきる

朝の通勤電車で、眠いのに隣の乗客が大声で話していて、どうしてもイライラしてしまうといった日もあるでしょう。

あるいは、オフィスで細かな不都合が頻発し、あげくに上司から理不尽なイヤミを言われて我慢ならなくなることもあるかもしれません。

ふだんならなんなく受け流せるちょっとした出来事にも、どうにも感情的になってしまうときは誰にでもあります。それほど気にすることはありません。

ただどうしてもイライラをなんとかしたいなら、少しトリッキーな小技があります。

自分と周囲の環境を、まるごと映画のシーンだということにしてしまうのです。

たとえば、「周囲の喧噪にイライラしながら、ぐったりした様子で電車に乗り込むサラリーマン」というように自分を「描写」するのです。

私たちは夢と現実の区別がつけられず、容易に空想を事実と思い込みます。

うまくいけば、腹立たしい「朝の通勤」を映画のワンシーンにできるでしょう。

そうすれば「イライラさせられる現実」は、それほど深刻な話ではなくなります。

なにしろ「事実」ではないのです。

あるいは「いくらイライラしてもかまわない」と思えるようになります。

なぜならあなたは「イライラする登場人物」なのですから。むしろ積極的に「イライラするべき」とすらいえるでしょう。

オフィスでも自宅でもこのやり方は使えます。

相手が上司でもパートナーでも大丈夫です。

POINT

現実を深刻にとらえすぎない練習にもなる

第 3 章

綿密に計画を立てる“仕事術”をやめる

ゴールを未来に設定して、その達成に時間を費やすのは大きなリスクがあります。本章では、私の仕事ツールである「タスクシュート」を例に、締め切りから逆算して計画を立てるやり方を手放すようにすすめます。あなたも「時間はいくらでも使える感覚」で仕事をする威力を体感してください。

16 「時間はなくならない」を見える化して仕事する

第1章の最後で、「時間はいくらでもある」と書きました。

しかしすでに述べたとおり、これはなかなか信じられないでしょう。

そこで、時間は常にあるのを意識しながらしばらく仕事を進めてみましょう。

それを実現するにもやはり、タスクシュートが役に立ってくれます。

タスクシュートには、「いまから寝るまでに必ずやるすべてのこと」を書き出します。そのすべてのタスクに「見積時間」を記入できます。

少し面倒に感じられるでしょう。実際には、作成には10分もかかりません。

私も先ほど、次のような「デイリーリスト」を作りました。7分くらいで作れました。

左記には1日の全リストではなく一部しか載せておりません。

タスク	モード	見積	実績	開始	終了
04:00~(7h) セクションA「04-11」					
▶ 11:00~(4h) セクションB「11-15」(-01:04)					
自分で 原稿原稿2000字	5 work	60分	+49分	13:04	未設定
人と 100チャレ	1 work	18分	なし	未設定	未設定
自分で Evernoteと標準メモの整理	3 remind	10分	なし	未設定	未設定
自分で 電気ヒーターを切る	1 remind	0分	なし	未設定	未設定
人と 昼食	2 life	90分	なし	未設定	未設定
自分で 昼食後歯磨き	2 life	2分	なし	未設定	未設定
15:00~(3h) セクションC「15-18」(+00:23)					
人と 妻を送る	0 life	22分	なし	未設定	未設定
自分で 家計簿	1 life	5分	なし	未設定	未設定
人と ファイナンス365	1 work	12分	なし	未設定	未設定
自分で 税務整理	35 life	5分	なし	未設定	未設定

おおよその雰囲気をつかんでもらえれば十分でしょう。

リストに見積時間を記入すれば、タスクにかかる時間の総和が自動算出されます。

結果として、行動の「カーナビ」が手に入ります。たとえば、書いたとおりの順に実行したなら「メールの返信」は12時35分頃に、「原稿執筆」は13時頃にできそうだ、といったシミュレーションができるのです。

どうすればその「正確な時間」が割り出せるのか、と聞かれることがよくあります。**しかし、正確に見積もる必要などはありません。ごくおおざっぱでよいのです。**

見積時間というのはもともと「見積もる」ものであって、「正確なデータ」ではないのです。「見積時間」には、次のようないくつかの異なる種類があります。

・タイプ① これくらいは「かけたい」という希望の時間
・タイプ② ちょうどこれくらい「かかる」と知っている時間
・タイプ③ 人によって「決められて」いて変えられない時間
・タイプ④ 時と場合によって変動の幅が大きい時間

このうち、見積もる段階で不明瞭な時間は、タイプ④だけです。

たとえば私の場合、原稿執筆や昼食には、タイプ①の「希望の時間」を入れます。**原稿に60分かかるというよりはかけたいのであり、90分食事にかかるというよりはやはりかけたいのです。**

だからこれらについて、正確かどうかで悩む理由はありません。

次に、妻や娘を駅まで車で送迎するのにかかるであろう時間は、「知っている時間」のタイプ②に当たります。送迎にかかるのはほぼ22分で、道が混んでいたとしても1

時間になったりはしません。

さらに、タイプ③の「決められた時間」には、仕事のミーティングなどがあります。

もちろんこれは、「1時間」といわれていても「1時間半」になる場合もあります。

しかし、大幅に短縮され5分で終わるケースなどはまずありません。そのため、見積もりを長めにしておけばこと足りるものです。

そして少し使ってみると、見積時間が不正確で困ることなどまったくないとすぐにわかります。

時間さえ用意すれば、ものごとはきちんと終わる

では、10分かけてデイリーリストを作るメリットはなんなのでしょう。

まずなにより、「時間はなくならない」と知ることです。

いつでもなにをするのにも時間はかかります。時間をかけます。かけられます。それが「不可能になる」とは考えられないわけです。

原稿を書くのは、いつでも始められます。「13時32分に開始」といつでもスタート

できます。それは「時間がある」からです。

こんなふうに書けば、いかにも屁理屈をこねくり回しているように感じられるでしょう。でも、私にはそうは思えません。

なんであってもタスクシュートに「タスク名」を入れて、行動を起こした「時刻」を記入してみると、**いつでも時間は提供され、ある意味で「時間が待っていてくれる」と思えるのです。**

こんな私にも、もっとキツいことを言ってくる「声」が聞こえることはあります。

「それは甘い。締め切りというものがある。あなたの仕事ではちがうのかもしれないが、締め切りは絶対で、間に合わせられなければすぐに信用も仕事も失う人もいる」

私はたんに、こうした「声」が好きになれません。

これはなにか「天の声」を装った「人の声」にすぎないからです。

私はシンプルに締め切りを延ばしてくれたり、変えたりしてくれる「優しい人とする仕事」に賭けているともいえます。

「そんな甘い仕事のしかたばかりしていれば、いずれ困ったことになる」とも言われました。しかしすでに50歳を過ぎていて、さほど困った経験がないのです。

時間はなくなりません。締め切りが過ぎるだけです。

締め切りが過ぎたとき、「本当に困った事態」においては、どんな目にあわされるのかよく観察して覚えておきましょう。私自身は「精神注入棒」でほお骨を打たれた体験があります。こめかみの下に派手なミミズ腫れができました。

でもそれは仕事の話ではなく、小学生の時に宿題を締め切りに提出できなかった「罰」でしかないのです。仕事の関係者でここまでのことをする人はまずいません。

時間は待っていてくれます。

遠い昔に締め切りが過ぎていてもかまいません。なんであってもいまから「タスク開始時刻」を入力して、おもむろに実行してみましょう。

POINT

「必要な時間をかけても1日におさまる」ことを目で見て確認する

17

朝いちばんに、デイリーリストを並べ替えよう

私はいつも、朝起きてすぐに「タスクシュートを並び替え」ます。

毎日のとくに平日にやることというのは、そう変わりません。食事と睡眠と入浴、それから移動とミーティングなどにはたくさんの時間を使います。

それだけで終わってしまう1日も多くあります。

しかし、その内容と順番はいつも変わります。完全に同じ日というのは1日としてありません。

並び替えるのに、特別なスキルや知識はいりません。

ただなんとなくこうすれば今日がうまくいくだろう、という感覚で決めています。

私自身は、タスクシュートを使うだけで仕事と生活がうまくいく実感があります。だからある意味では、いつもこれだけをおすすめするわけです。

タスクシュートは、ブログ「シゴタノ！」で有名な大橋悦夫さんが会社員時代に開発した「タスクと時間を同時に扱えるツール」であり、そのメソッドでもあります。

もともとはExcelをベースにした方法でした。Excelに「1日の中でやる行動のすべて」を並べて、それにかかる時間を見積もり、実行時にタスクの開始と終了時刻を入力していきます。仕事のタスクに限らず、日常のタスクすべてをです。

つまり、1日の始めには「起きてから寝るまでにする50個ほどのタスク」がリストアップされ、1日の終わりには「起きてから寝るまでにやった50個ほどのログ（記録）」が並びます。たったこれだけの非常にシンプルな方法なのです。

最近では、紙とペンだけで実行する「タスクシュート手帳」が考案されました。それもいいと思います。

とくにこの「並べ替える」のが目的なら、並び替えられるツールを使えばなんでもかまいません。毎朝、今日必ずやることをすべて書き出して、改めて並び替えることが、心によい影響を与えるのです。

心にはさまざまな「やらなくちゃいけない用事や仕事」が浮かんでは消えます。

心には形がなく、心に浮かぶイメージにもやはりかっちりした形式などはありません。ふいに「締め切りの迫った作業」が浮かび、それに呼応するようにして厳しい上司の声が生まれ、やがてそれらが分裂したり混ざったりして心を圧迫するのです。

やらなくちゃいけない「大量の用事や仕事」の多さに圧倒され、身動きがとれなくなることもあります。

不思議といえば不思議なことに、心が圧迫されると心臓に圧力がかかるようです。

形のないイメージが、形のある内臓に圧力をかけられるのは驚きだと思いませんか？　それでもそういったプレッシャーはあります。

胸がしめつけられるようだとある人は言います。これはとうぜん苦しく、不愉快でしょう。胸がしめつけられるのを喜ぶ人はめったにいません。

だから当たり前ながら「大量の用事や仕事をまとめて一気に片づけられたらいいのに！」と私たちは思うのです。

形のない心の世界には「時系列」という概念がありません。

夢の出来事のようにポコポコと脈絡もなく思い出されては、遠くに追いやられ、また現れるといった混沌ぶりです。

こういう「タスク」をただ書き出しただけでは扱いにくいでしょう。「まとめて一気に終わらせたい！」といった気持ちに押され、焦りながらあちこちに手がけようとしては途方に暮れてしまいます。

1日の流れを「実行順」に並べ替える

だからこそ、このタスクの並べ替えの「儀式」が心を落ち着かせるのだと私は思います。私は朝、三度の食事はもちろんのこと、入浴や洗顔、つめきりからトイレに至るまで、「その日にやる」のならことごとくリストアップします。もちろん原稿書きやミーティングも書き入れます。

それを「こうやるだろう」と見当のつく順番に並べるわけです。優先順ではなく実行順です。

大事だから先にやるわけではなく、先にやる理由があるから先にやるのです。

たとえば、私はこの原稿を書く前に必ず「爪をとぐ」ようにしています。

決して「原稿」より「爪とぎ」のほうが大事だと思っているわけではありません。タッチタイプの際に、キーに爪が当たるのが不快なのです。爪をといでから原稿を書くほうが快適なのです。

「先にやる理由があるほうを先にやっている」にすぎません。

また出かける用事がある場合には、先に電車の発車時刻を調べてから、プレゼン資料などを作成します。私はそうしたほうが安心して仕事に集中できるのです。「電車の時刻を調べる」のが「プレゼンの資料作成より大事だ」と思っているわけではありません。


朝にタスクをどのような順番に並べても、現実にその通りに行動するわけではありません。そのつど、タスクシュートの「実行記録」をやった順に並び変えます。

しかし、「こういう順番でやればだいたいやれるだろう」というリストをいったん作り上げてみると、気持ちをおだやかにしてくれます。

先に述べたとおりで、心にただ浮遊し時に圧迫する「義務のイメージ」は、ただ渦を巻いたり漂ったりするばかりで、どのくらいの時間がかかるかがまったくわからないわけです。

そういう状態のものが胸を締めつけるのに任せておかないほうがいいでしょう。

1週間でいいです。あなたのデイリーリストに「必ずやること」だけをリストアップし、それが「終わるように並べる」のを日課にしてみてください。

POINT

仮にでも道すじが見えていると、安心できる

18

寄り道しても中断しても、リルートできる

カーナビで目的地を設定できるようになってから、「ルート」があまり意味をなさなくなったように思います。

「ルートを外れる」という現象が消滅してしまったからです。一時的に寄り道したとしても、カーナビはそこから「ルートを再探索」します。

いまはまだこの再探索にいくらか時間がかかります。しかしこれが瞬時に終わるようになれば、「リルートされた」と私たちは気づかなくなるでしょう。

つまりどのような道をたどっても、車が道路の上を走っている限りは目的地までの「ルート」が示され続けるわけです。

タスクシュートにも、これとてもよく似たところがあります。「タスクシュートでいまやっていることをやっている限り、なにをしてもいいのです」、そう私はよく言います。

これはなにも、ハードルを下げようとか、リラックスして欲しいからそんなふうに述べているのではありません。本当だから言っているだけなのです。

脱線したとか予定にないことをやったとか、嘆いてもなんの意味もありません。カーナビは常に「いまいるところから目的地までどう行けばいいか」だけを示し続けます。タスクシュートもまさに同じです。

いまやっていることから夜寝るまで、どのように過ごすことになりそうかを示してあればいいのです。

気分が変わったらリルートすればいいのです。
人に用事を頼まれたらリルートすればいいのです。
予定が変更されたらリルートすればいいのです。
つい眠ってしまったらリルートすればいいのです。

リルートすればするほど、タスクシュートの真価が発揮されると私は考えます。

これは決して根拠のない思い込みではありません。

すでに述べたとおり、もともとタスクシュートとは、大橋悦夫さんが彼の仕事をマネジメントするために、Excelベースで開発したツールでした。

「並べ替え」はExcelの本質的な機能のひとつです。

タスクを並べ変えられないタスクシュートは、もうタスクシュートとはいえません。

リルートできないカーナビなど使いものにならないのと同じです。

タスクシュートを使ううえでの3つのルール

ただ、そんなに好き勝手ばかりしていては、タスクシュートに記録を残したところで仕事が進まないのではないかと不安になる人もいるでしょう。

実際にはそうはなりません。なりませんが、それでも不安だという人に、次の「3つのルール」を最初だけ守るようにすすめます。

①なにをしてもいいが「実行記録」を追記する
②約束を守るために最大限の努力を払う
③睡眠時間は固定する

これまで述べてきたことと基本的には変わりません。

このルールを意識的に遵守すれば、心を消耗させずに仕事を進められます。

ルール①は次のように使います。たとえばいま私はこの原稿を書いています。しかし娘と任天堂のゲームをしたくなったとします。

▶実行中　原稿　13：24〜

このようにタスクシュートに記録されています。これは正規のアプリでなくてもできるでしょう。これを中断します。

■原稿　13：24〜13：46（中断）

▶実行中　娘とゲーム　13：46〜

こう書けばなにをしてもいいという意味です。

このように決めておくと、いちいち「中断」しなければならないならば、このまま続けてしまおうと思うタスクがいくつもあります。

また、こうすると不思議と「中断して別のことに逃げている」といった罪悪感から解放されます。言うまでもなく「中断した仕事」をあとで「再開するかどうか」を自分で決められます。

とはいえ気が乗らないときもあるでしょう。

そんなときこそルール②を適用します。再開を明日に延ばしても、約束を守ることができるかどうかを真剣に検討すればいいのです。

守れないなら今日中にしましょう。守れそうなら、明日でもいいでしょう。

とはいえ、夜に仕事を再開したら「睡眠時間は固定する」ルール③が難しくなるかもしれません。

このように3つのルールには「せめぎ合い」があります。葛藤があるわけです。
こうしたせめぎ合いの中から「最適解」を必ず自ら見つけるようにします。

あくまで私見ながら葛藤して、やむを得ず選択した結果こそが「最適解」なのです。あるいは、自分がやったことこそ「ベストだった」と考えるべきです。

たとえば、睡眠時間を削って仕事をしてしまったのなら、それが「最高の選択だった」のですし、寝て起きてからやることにしたのならそれが「正解だった」のです。

さらにいえば、寝てしまって約束を守れなかったとしても、そうなったらそれが「ベストの結果」だったはずなのです。

よくいわれるとおり「人生に正解はない」のです。

答えを誰かが示してくれることもありません。あったとしても、それが間違いではなかったという保証はまったくありません。

他人から「オレの言うことが正しいのだからその通りにしておけ！」と言われると私たちは反発します。「人生の真理を私は知っている！」といった言動を耳にすればあやしいと思うでしょう。

それなのに「眠くても仕事をすべきか、それとも寝てしまうか」を選ぶに際して、先に正解を教えてもらおうと考えるのはおかしいと思います。

そんなことは誰にもわかりません。

であれば、たとえば徹夜で仕事をしてしまったとして、それでも生きているのなら、それが「正解だった」のです。

タスクシュートはこのような選択をかなりよくサポートしてくれます。というよりも、これをサポートする以上のことはなにもしてくれません。

POINT

最初に立てた予定通りにできなくてもいい

19

「いまなにが起きているのか？」をただ理解する

P107にあるのが、私の愛用する「タスクシュート」のいま現在です。

じつは「デイリーリスト」とか「1日のシート」などと大げさに言ったところで、本当にタスクシュートを使う意味とは、私にとっては「いまこの時間帯」だけにあります。

今日の20時頃から21時過ぎまで、私はこの原稿に手を入れていました。

少なからぬ人が「朝の10時頃から手がけ、原稿に集中して脇目もふらず書き切る」のが理想的だと考えます。かつては私もそんなふうに思っていました。しかし、いまはまったくそうは思いません。

なぜなら、そのようにできた経験がほとんどないからです。

しかも、たまにそうできたとして、そのときの原稿が必ずしも「最高の出来だった」わけでもないからです。

私はいま、もっと「正直に、正確に」いま自分がなにをしているのか記録を残すようにしています。原稿書きのような、複雑な仕事をするときにはとくにそうです。

見ての通り、用事を頼まれたり、本を読んでしまったり、トイレに行ったり……、原稿を書くときほど原稿だけに集中できなくなるのが「私」なのです。

それが「タスクシュートの教える素の私」です。

素の私が仕事をします。素の私にしか本は書けません。だからここに現れるすべてが仕事に直結しています。一見仕事でもなんでもない、たとえば「トイレに行く」のは仕事の一環です。なぜなら「原稿を書く」最中にそれが現れているからです。

心のスペースを空けることで、仕事は進む

繰り返し、本書には「心のキャパシティ」という言葉について述べます。

心のキャパシティがいっぱいいっぱいになってしまうと、「いまなにをしているか

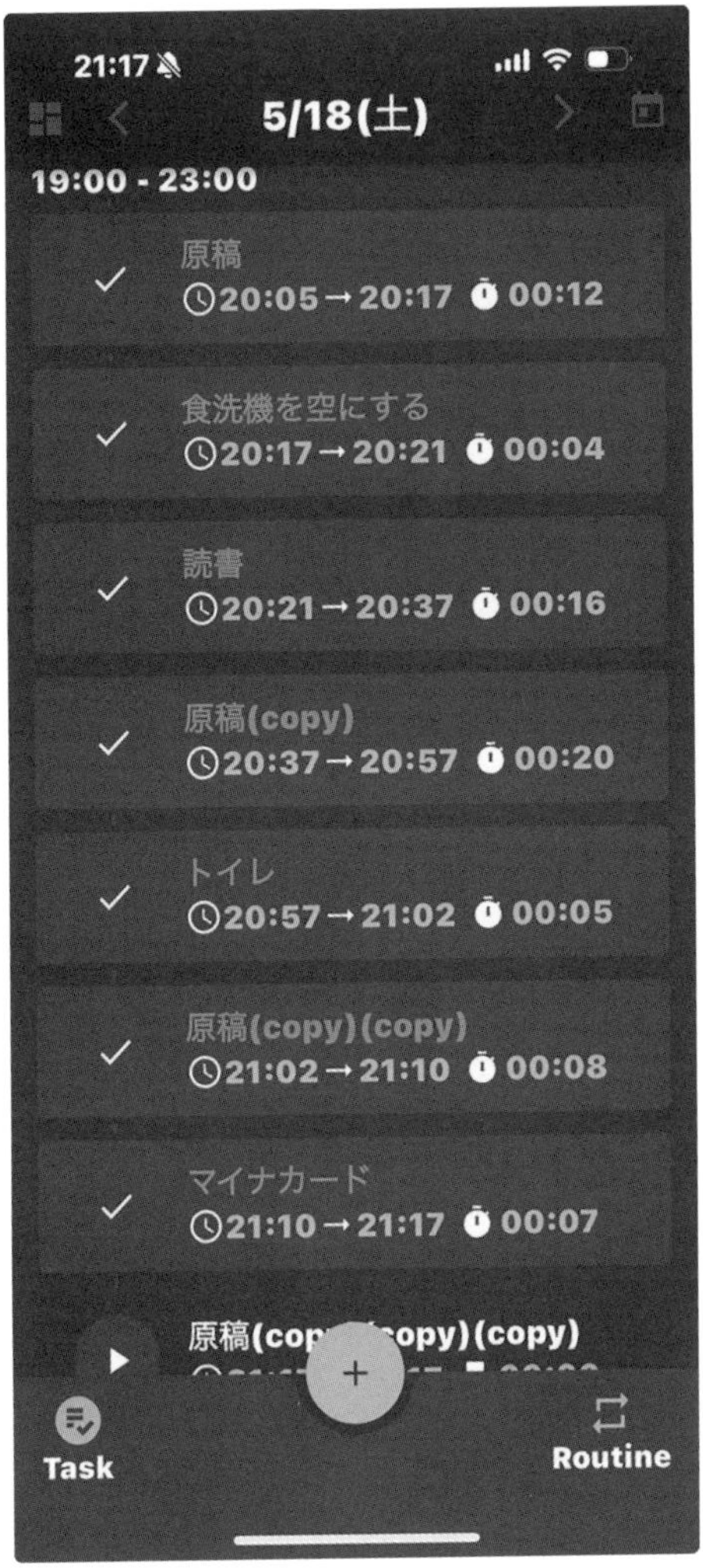
21:17
5/18(土)
19:00 - 23:00
原稿
20:05→20:17 00:12
食洗機を空にする
20:17→20:21 00:04
読書
20:21→20:37 00:16
原稿(copy)
20:37→20:57 00:20
トイレ
20:57→21:02 00:05
原稿(copy)(copy)
21:02→21:10 00:08
マイナカード
21:10→21:17 00:07
Task
Routine

がまったくわからなくなる」ものです。

たくさんの仕事に追われているとそうなります。

仕事はひとつだとしても、たとえば慣れない壇上でたくさんの聴衆を前にしゃべってあがってしまうとそうなります。

あるいは犯罪に巻き込まれて気が動転しても、同じ状態になります。「いま起きている出来事」をうまく自分に説明できなくなります。

このように仕事に追われ、人前で緊張し、気が動転しているときには、心のスペースが狭くなっているのです。そんなときには、もちろん心が消耗してもいるでしょう。

逆に、心に余裕があれば消耗もしません。

そんなときには「自分になにが起きているか」をよく承知しているものです。

だから心の余裕をもつには、「イマココで自分に起きていることを自分によく理解させる」必要があると思うのです。

じつは、タスクシュートがなによりも独特であるのは、「タスク」だけではなくその「開始時刻」と「終了時刻」を書き入れるところです。つまり、

【一般的なタスクリストの表現】

☑原稿

【タスクシュートの表現】

原稿　20：05↓20：17

これが最大のちがいなのです。

タスクシュートでは「イマココで私はなにをしているのか？」を詳細に記述していきます。ただそれだけです。

しかし、たったこれだけのことを断続的に繰り返すうちに、心にスペースが確保され、そのスペースで仕事を進められるようになるのです。

リストにあるとおり「やるべき時が来たら黙々とそれをやる」のではありません。それではただ自分に無理強いするだけの、ありきたりな「スケジュールリスト」でしかないでしょう。

そんなことをいくら自分に強いたところで、心の余裕は生まれません。むしろ心を消耗させるばかりです。

そうではなく「いま、自分にはなにが起こりつつあるのか」を徹底して理解するのが先決です。そこにはドラマがあるのです。

原稿を書こうとしても、うまい表現が見つからず、思わず読書に逃げたり、トイレで「流して」しまったり、家族から「目先を変えられたり」するのです。

そんなハラハラドキドキのドラマを演じるうちに、思いがけない表現が心に浮かび、その表現が心の空きスペースに展開され、仕事が一気にはかどります。

このドラマに再現性はありません。明日は明日の展開が必要です。毎日がハラハラドキドキなのです。

だから飽きずに仕事を進めることができるのです。

POINT

集中して終わらせることが、最善策とは限らない

20 ここぞの場面に効く「ファーストタスク」と「ラストタスク」

イギリス人のマーク・フォースターによる『マニャーナの法則』（ディスカヴァー・トゥエンティワン）というビジネス書があります。

「明日できることを今日やるな」をテーゼとした独特の仕事術で、彼は「朝起きてすぐ大事な仕事を5分でいいから手がける」ようすすめています。

なによりも優先し、なによりも先にやるという意味でそれを「ファーストタスク」と名づけたのです。

日本でもよく似た方法論を『思考の整理学』（筑摩書房）で有名な外山滋比古さんが提唱しています。彼はそれを「朝飯前」と名づけ、大事な仕事は「朝食までに片づけてしまう」というわけです。

仕事術コミックライターの岡野純さんは「朝起きてすぐ」漫画を描いて、出勤時の電車の中でネームをまとめるという方法を述べていたことがあります。

これはかなりストイックで、だから会社員をやりながら何冊も漫画を描くといった「離れ技」もできたのでしょう。

現実には、時間としてはそのくらいしかとれないともいえます。

私自身はとてもこんなことはやれません。

だから私は、仕事を始めてすぐのタスクを「ファーストタスク」としています。

たとえば4月中はずっと、仕事を始めるならこの原稿から書きました。

これだけでもそれなりに効果が上がります。少なくともメールチェックをする前には、原稿を必ず仕上げます。

こう考えると、ファーストタスクのタイミングは3つあるわけです。

「起床直後」と「出社前」と「仕事開始」のタイミングです。

リモートワークやフリーランスの人は、出社の時間はないかもしれません。それでも二度のタイミングで「大事な仕事を先に進める」ことはできます。

つまり、ファーストタスクで大事なのは、確保する時間ではなくて「タイミング」なのです。そのタイミングを逃してしまうと、なかなかそれに取りかかることが難しくなる貴重な機会というわけです。

私の考えるデイリーリストに「優先順」はありません。しかしファーストタスクは例外です。なにより優先するタスクとしてなによりも上位に置くのです。

大切な仕事が、なかなか進まないときの裏技

もうひとつ大切な、仕事を進めるのに欠かせないタイミングがあります。

デイリーリストのいちばん下に置く「ラストタスク」です。

もちろんそれは「最後まで残ってしまった仕事」という場合もあるでしょう。

しかし私は、それではもったいないと思います。とくに会社にいて「最後にやるタスク」の選別は大事です。これが終わったら終わりであり、これが終わったら帰れるのです。体力を温存しなくていいし、割り込みの案件も発生しにくいでしょう。

ここに「やりたくないから残ってしまった作業」を置き、それを片づけられるとい

うのも悪くはありません。

しかしここで、大事なプロジェクトを進められると想像以上にはかどります。

とくに締め切りまでの日程が厳しいときには、ファーストタスクとラストタスクを同じタスクにするのがおすすめです。

私でいえば、仕事の最初には原稿を書き、仕事の最後にも同じ原稿の続きを書くのです。これを数日続けるだけで格段に原稿が進むことがあります。通常の2倍の速度が期待できます。もちろん、半年以上もずっとそんなやり方を続けるわけにはいきません。他にも大事な仕事が入ってくるはずです。

しかし一時的にペースを大幅に上げたいときに、使える手段だと考えています。ファーストタスクと同様に、ラストタスクも「特別なタイミング」なのです。

POINT

「頭が働くときにやろう」と思っても、そんなときはやってこない

21 宣言してから仕事を始めることの効用

私はこの原稿を書くといった、大きめの仕事を始める前には必ず、

原稿　20：06〜

というように、「タスク名」と「開始時刻」をタスクシュートに記入してから仕事を始めます。このような「宣言」は、そこかしこで見られます。

食事の前に「いただきます」と宣言し、食事が終わると「ごちそうさま」と言います。朝起きれば「おはよう」と誰とはなくとも挨拶し、「おやすみなさい」と言ってから眠りにつきます。洋の東西を問わず、試合の開始終了時には「合図」がかかります。

私はこの種の挨拶に、あまり濃い意味や深い意味を付けたくない性格ではありません。「とりあえず一礼しておく」以上の意味を、あえてあまり意識しません。

宣言することで、頭も切り替わる

しかし、「空間への意味づけ」を時間の側からしなければ、やりにくくてしようがないケースも多くあると思います。

たとえば、食事においては「食卓」でも、食後には「仕事の机」になるし、来客があれば「お茶のテーブル」にもなる。このような場合、同じ空間の意味が、「時間」によって区切られるわけです。

私も多様な仕事を同じ書斎で行います。

それだけにいちいち「時刻」で、いまからなにをするかを決めざるを得ません。

そうすることで、自分の中で作業と気持ちを切り替えているのです。

タスクシュートがその重要なサポート役を担ってくれているのです。

そういうわけで、「いまから原稿を書く」と誰にとはなく「宣言」します。

終わったら、終了時刻を「打刻」します。

すべての行動について、同じ宣告を繰り返します。まさに、おはようからおやすみまでやるわけです。もちろん、1日中ずっと、タスク名と開始、終了時刻をいちいち宣告するなど、手間といえば手間がかかります。

しかし、なんのトクにもならないのにそんな行為は続きません。

タスクシュートを使っている25000人を超えるユーザーが、かなりの期間ずっと続けているからには、仕事や生活の役には立っているはずなのです。

私自身はもう20年近く、記録が漏れている時間が1分もありません。

しかも私は、記録を残したかったわけではありません。記録が残れば便利ではあります。しかしやはり、仕事が進むからこれを続けているのはまちがいありません。

POINT

なんとなく続けるより、時刻で切り替えたほうが仕事は捗る

22

最善策は、1日の中でも「早め」に手をつけること

仕事術において、「早めに手をつけよう」といったメソッドは常識と化しました。

とくに大きめのプロジェクトには、1日でも早いうちに手をつけたほうがいいに決まっているでしょう。

しかし、「それができれば苦労はしない」ともよく言われます。

早めに手をつけたほうがいいなんてことは、子どもでもわかっています。でもそれができずに困っているのです。それが多くの人の本音でしょう。

あるいはそもそも、この本を読んでくれているあなたは、

「早めに手をつけようと思ってはいたけれど、気がついたら締め切りが迫っている仕

事がいくつもあります。いまから手をつけても『早く』ないんです！」

と言いたいところなのかもしれません。

それでも、一見あまり役に立たなさそうな「仕事術」をやってみましょう。

その「いまからやってももう早くはない仕事」に、「いますぐ」手をつけるのです。またば、1日のいちばん早い時間帯に、毎日その仕事から始めるのです。

「早めに」というと私たちは、「まだ締め切りが迫らぬうちに」という意味だけを考えがちです。

私たちは、長期のスパンを生きている「巨人」にでもなっている錯覚にすぐ陥ります。数ヶ月前に戻ってやり直したり、数週間後の目標を先取りできるとでも思ってしまうのです。それは脳内の幻想にすぎません。

私たちはいつでも、「今日のこの時間」を生きています。

必要な地図の縮尺は「市街図」の、それも「徒歩圏」なのであって、日本広域地図やまして世界地図を眺めてもどこへ行けばいいのかはわかりません。

現に「なるべく早めにとりかかる」などと言ってみても、実際にそうできないケースがひんぱんに起こります。あるいは、「すでに遅すぎです！」と訴えてばかりになります。

「今日という日の地図」を見ましょう。いますぐやるのが最速なのです。

せいぜいは、明日の地図を読むべきです。

「明日の朝いちばんでやる」のが、早めにやるということになるのです。

「それではもう間に合わない」とか「手遅れなんです」とか、いくら愚痴っていても仕事はいっこうに前には進みません。

決してストイックでなければいけないとは思いません。そもそも私は、ほんのわずかでもストイシズムを好みません。

少なくとも生きていて、さらにデイリーリストを用意できる状況にあるならば、いつからでも間に合うと言いたいのです。

これは「仕事術」なのです。決して精神論だけを言いたいわけでも言っているわけでもありません。

「計画通りに進められる」という幻想を手放す

そして、実際にやるとなったら、いますぐか翌日の朝にやるのがいいでしょう。

早めにやるべき仕事ほど、リストの上に置きたいというだけの話です。

そのリストとは、「今日のリスト」を指します。改めて立て直した長期計画などいらないのです。

心配になりますか？

しかし、憶測させてもらうなら、あなたはすでに「長期計画」や「逆算のガントチャート」のような、綿密な計画を立てた経験があると思うのです。

そういうものが完璧に機能していたら、こんな本を読んでいないと思うのです。

むしろ、綿密に計画した時間がまるまるムダになったのではありませんか？

「早めに手をつけよう」と毎日思うだけで、もう百日が過ぎてしまったというのなら、今日のリストだけを手にして、せめていまからでもタスクに着手してみたほうが賢明ではないでしょうか。

心配なら安心してください。私自身も、長期の計画を立ててみたり、早めに手がけようと無謀な試みをして百回くらいは失敗しました。

世の中にはいろいろな人がいます。そういう計画が無謀でない人もいるのでしょう。でも私の知る限り、平均的な人に「百日計画」は向きません。

私は30代の半ばから、「計画」に強い不信の念を抱き、40代半ばをすぎてからは完全に放棄して、いま50歳になります。

少なくとも私に関する限り、計画を立てていた頃よりは、立てなくなってからのほうが人生は充実し、毎日が幸せで、人との約束もきちんと守れています。

計画を立てず、いまから手遅れのタスクを「手遅れ」と思わずに手がけましょう。

そして明日からは、「1日の中の早め」を意識するようにしてください。

POINT

取りかかるには、今日がいちばん早い日

第4章

必要以上に疲れてしまう“人間関係”をやめる

「他人の機嫌が気になる」「怒られることを回避したい」という気持ちはよくわかります。しかし、この課題は「自分を守るために苦手な人を避ける」だけでは解決しません。人との関係を修復するカギは、やはり「人」にあります。ぜひ、人を避けないアプローチに関心をもってもらいたいです。

23

怒られたら、自分以外の誰かをケアする

「人に怒られると立ち直れなくなる」と人並み以上に思い悩んでいたのは私でした。だから私は、誰にも怒られることのない「物書き」を仕事に選んだのです。

物書きだって、たとえば「編集さん」に怒られるのではないかと思う人もいるでしょう。でもそういうことは、めったにありません。

また、極端な話をするなら「怒られたら辞めてしまえばいい」と以前は思っていました。会社員とちがってひとつの企画をやめにしても、物書きならば続けられます。

私の考え方はしかし極端すぎたといまなら思います。**別に怒られたら怒られておけばよく、会社も作家もなにも辞める必要などないわけです。**

しかし、そのように思えない人が「消耗」するのでしょう。

私もそういう意味で、まさに「消耗する人」だったのです。

とはいえ、私の極端な考え方にも一理くらいはあったかもしれません。「本当にイヤになったら辞めればいい」と思っておけば、ちょっとしたことには耐えやすくなるものです。

じつは、この「叱責」がつらいのは、叱責によって自分が傷つくというより「相手との関係が傷つく」せいです。

私は、自分が会社員はムリだと思い込んでいました。なぜなら、傷ついた関係を続けるのがつらすぎると考えたせいなのです。

なんの職業に就いていても「怒られること」をゼロにはできません。セルフパブリッシング（自費出版）でひとりでものを書いて生計を立てていても、病院でお医者さんに怒られるかもしれないのです。

生きている限り、誰にどう怒られるかなどわかりません。「会社に勤めない」のではまったく不十分なのです。

では、どうすればよいのでしょう？

まず理想論から入ります。**たとえば私でいえば、編集さんを怒らせたら編集さんとの関係をケアするべきなのです。**

これは当たり前のことに思えるかもしれません。でも「気の弱い人向けのアドバイス」は、最近はとくにこうではありません。

「まず自分の心をケアしましょう」となっています。

その手段として、たとえば「アロマテラピー」や「おいしいご飯」という「モノ」がすすめられます。つまり「ひとりで自分のケアをするべきだ」と考えられています。

私にはこれが難しかったのです。難しいというよりうまくいきませんでした。

「理不尽に怒られた」と思うような経験は、もちろんたくさんありました。

就職活動をいっさいせず、まともに会社勤めをせずに五十過ぎまできたのは、なにがあっても怒られるのは許容できないパーソナリティのせいでした。

それでも、ミスの多い私は怒られてしまいます。だから「アロマテラピー」も「やさしい音楽」も「あったかくして過ごす」も「自分のためのごちそう」も「温泉」も、およそいま言われているような「セルフケアハック」はなんでも試しました。

私は極端な性格です。その類いのモノに総額で一千万円はかけているだろうし、一千通りくらいのメソッドは試しているでしょう。私にとってはお金なんかよりも、「怒られた心の煩悶《はんもん》」のほうがはるかに大きな課題だったわけです。

しかし、こういったものはたいして役に立ちませんでした。

対人関係の悩みは「人」が解決してくれる

考えてみると「当たり前」に戻ります。当たり前すぎる「当事者の関係のケア」に立ち戻ったらよかったのです。

相手が怒っているなら、その相手の怒りが解ければ苦しまなくてよくなります。編集さんが怒っているのに、ラベンダーの香りのお湯に浸っていても気持ちは落ち着かないものです。

ただこの「当事者のケア」をするというのは理想です。

現実には難しく思えるケースもあるでしょう。「なぜ私がそんなことをしなければならないんだ、悪いのは向こうなのに」との思いがあるうちは採用できません。

そこで次善のメソッドを用意します。**誰でもいいから、他の人との関係をケアするのです。私でいえば妻、または娘との関係をケアするという意味になります。**

「そんなことをしてなんになる」と今度は思われるでしょう。

当事者とこじれたのに、他の人との関係をよくしても効果はなさそうです。

それはそのとおりです。**しかし、誰とであっても関係をケアすれば、自分には関係をケアできるだけの能力があると具体的に実感がもてます。**

その能力は潜在的に、いまこじれた「より難しい人との関係」をケアできる可能性を感じさせます。ようは、妻との関係をよりよくできるなら、編集さんとの関係だってよくできるだろうというわけです。

この感覚を日頃から強化しておくと、私のような人間でも「心が傷つきにくくなった」と思えてくるものです。

POINT

本人でなく、第三者との関係をケアするだけでも効果的

24

消耗を防ぐためにも、耳をすまして話を聞く

ここで大事な仮定として、「自分はまったく悪くはなく、上司が100パーセント悪いにもかかわらず厳しく叱責された」としましょう。

言うまでもなくあなたは怒り心頭で、とても仕事をする気になどなれません。転職を検討せざるを得ないほどです。

にもかかわらず私は、できるだけその上司の話に耳を貸す、つまり「傾聴する」のが消耗しないために欠かせないと考えます。

この種の「仕事術」は必ず批判されます。時に厳しく非難されます。

私はそれを承知しています。それだけに、少しでもマイルドに伝えられないかとあれこれ考えざるを得ません。

でも、自分に非はなく、相手が完全に「悪」であったとしても、やはり傾聴しなければ、あなたが消耗してしまうと私は経験から思うのです。

そもそも相手の話を十分に理解せずには、「自分にまったく非はない」と判断すらできません。「パワハラ上司」と決めつけてキツい話を聞き流しては、「自分にまったく非はなかった」との証拠すらも聞き逃してしまいます。

悪いのは完全に相手です。この前提は動かせません。

だから怒られるのは「理不尽」です。

しかし「理不尽な目にあう」のは悪いこととは言い切れないのです。

というのも「理不尽な目にあう」のは生きていればこそのことです。生きていればそんな目にもあいます。

終わりのない消耗戦から、抜け出す方法

たとえば十分に授乳して、暖かくして、子守歌を歌ってあげたとしても、猛烈に眠い中、子どもは夜泣きします。

親は悪くはありません。責任は「問題を起こした子のほうにある」でしょう。

しかしだとしても、寝かしつけないわけにはいきません。このように理不尽に夜泣きされるのは、親子ともに「生きていればこそのこと」です。

いまの日本列島ではどこに住んでいても、今日にも大地震で家屋が倒壊するかもしれません。住んでいる人にはなんの責任もありません。悪いのは活断層です。

数千万円かけて建てた家を、地震に倒されるのは「理不尽の極み」です。

でもそれにしても「生きていればこそのこと」なのです。

理不尽な目にあうとは、生きているなによりの証拠なのです。

生きているのが「いいことだ」と思うなら、理不尽な目にあうのもどこかしら「いいことだ」と思っておくしかありません。

もしもそうでないなら「死んだほうがマシ」になってしまいます。

死んでしまったら、理不尽に上司からパワハラされることはなくなります。

我が子にも夜泣きはされなくなります。家が流されることもなくなります。

しかし「死んだほうがマシ」だと思って生きていくのは、本当に消耗します。

しかたがありません。

今回だけでも「上司の言い分」を聞き取りましょう。

いったいこの「坊や」はなにを訴えているのでしょうか？

ミルクを飲ませてあげるように、取引先に連絡を入れておきました。

暖かい毛布にくるむように、プレゼンの資料を用意しておきました。

子守歌を歌ってあげるように、資料をコピーしてホチキスで留めておきました。

でも夜泣きでもするかのように、大声で騒いでいるのです。

まだなにか欲しいのでしょうか？


あなたはどうにかして、それを理解してあげたほうがいいと私は思います。どうしてかというと「その会社で生きて」いるからです。

「その会社で生きていかないことに決める」のなら、つまり転職するならそこまではしなくてよくなるでしょう。しかし、転職先にも同じような上司がいて、同じような目にあわないとも限りません。

でも、夜泣きが止まない赤ちゃんにミルクをあげたら、急に静かになることもあります。それと同じように、上司に丁寧にメールを送ったら、急におだやかになることもあります。

生きているとわけのわからないハプニングに見舞われ、それへの「正しい対処法」など誰にもわからないものです。

しかし「生きていたい」と思うとすると、そういう理不尽な目にあうのも受けいれていくしかないことになります。

少なくとも私は「死ぬ」よりは、そちらのほうを選びたいと思うのです。

なお、これが直接の口頭での叱責ではなく文書やメールだったら、プリントアウトして「熟読」してあげましょう。私のつたない物書き経験からすると、印刷物からのほうが内容を格段に詳細に読み取れます。

さっきは読み飛ばしていたところが、不思議に伝わってくることがあるのです。

心のそこから理解できたと思えると、仮に「相手が完全に悪い」としても、不思議だとは思いますが「共感」できます。

「共感」とは相手と同じ思いになれるという意味です。

「そんなはずはない」でしょう。だから不思議なのです。

しかしこれができると、「自分にはまったく非がない」と同時に「上司に共感する」ことが可能になります。

「どちらかがまちがいなく悪い世界」から抜け出せるのです。

POINT

コツは「相手にもなにか事情があるのかも」と思うこと

25

相手の「ニード」を「ニーズ」に変える

「ニードとニーズ」という発想は学校では教えてくれません。義務教育とはいわないまでも、ぜひ大学の教養課程では教えて欲しいくらい役に立ちます。

赤ちゃんは泣きます。

しかしなぜ泣いているのかは、たとえ実の母親でも容易にはわかりません。

赤ちゃんは言葉を使えないからです。もっというと「自分でもどうして泣いているかを知らないから」です。ミルクが欲しいのかもしれないし、暑いのかもしれないし、眠いのかもしれません。その全部かもしれません。

そもそも生まれたばかりの赤ちゃんは、この世に「ミルク」というモノがあるとは知りませんし、涼しくしたり暖かくしたりできるとも知らないのです。

人になにかをしてもらう、必要のメッセージを「ニード」といいます。

この段階ではまだ「なにをしてもらえばいいか」は定かではないのです。泣いている赤ちゃんを見て母はすることを決めます。たとえば、時間の間隔が適当であればミルクをあげるでしょう。

必要のメッセージに対して、なにが必要かを考え、役立つ提供物を差し出すのが「ニーズ」です。

子育ての経験がある人は知っての通り、この検討は必ずしも正解ではありません。

「だいたい当たって」いればいいのです。

それでも前の授乳の時間はいつだったかとか、汗をかいていないかとか、おむつは濡れていないかとか、いろいろなことを詳しくチェックしなければなりません。

赤ちゃんと、赤ちゃんを取り巻く環境をきちんと観察しなければ「適当なニーズ」を提供できないのです。

私は、精神分析の本で「ニードとニーズ」を初めて読んだとき、鮮烈な印象を覚えました。たしかに世の中には、至るところにこうしたやりとりがあります。

決して乳児と母親の間だけの話ではありません。

都心の巨大なスクリーンに時々、エラーメッセージが点滅していることがあります。本来は、スーパースターがキャッチボールでもしている様子が映し出されているべきなのでしょう。

これは「ニード〈必要〉」です。誰かがなんとかしてあげる必要があります。もちろんスクリーン自身は、なにをどうして欲しいかを知らないでしょう。エラーメッセージを表示していてもです。

それを読み、なにが起きているかを解釈し、「適当なニーズ」を提供するのは担当のシステムエンジニアです。ここでは彼が母親なのです。

あなたが悪いのではなく、相手が困っているだけ

先に、あなたにはなんの非もないのに激しく叱責する上司の話を書きました。

この激高もまたニードです。彼はなにかを強く求めています。

しかし本当のところ、なにをして欲しいのかは本人もわからないのです。

あなたは上司の母親となって、「ニーズ（提供物）」の見当をつけるところから始めるしかありません。赤ちゃんに比べハラスメント上司はとても手に負えない、と思う人もいるでしょう。

しかし、子育てで苦闘した人はそうでもないと知っています。

なにをしてあげても、時と場所を選ばず切実に悲鳴を上げる乳幼児は、どこかハラスメント上司と似たところがあります。

泣く子どもも、奇妙な英語のエラーを映し出すスクリーンも、見たことのないランプを点灯させる自動車も、そして理不尽にキレる上司も、みんな共通して切実に困っています。「なんとかしてくれ！」と言っています。どうして欲しいのかはわかっていません。それをわかってあげなければなりません。

そうしなければ「ニーズ」を提供できないからです。

POINT

「あの人はなにを困っているんだろう？」と耳を傾けてみる

26

なぜ私たちは「他人を変えたい」のか？

「人を変えようとせずに、自分が変わることを考えましょう」というふうに、よく言われます。私自身も言われた経験があります。

たしかにもっともです。とはいえ、そう言っている人だって、まさにそのように告げることで、私のことを変えようとしているように聞こえなくもありませんが。

私たちはたしかに「他人を変えよう」としたがります。私にしても、なるべく他人には好意をもって欲しがるし、なるべく悪意をもたれないように工夫します。

ところが、このような努力をするまでもなく、じつはそもそも私たちは「他人を変えてしまう」のです。

私たちは人と話をするだけで、相手に影響を与えないではいられません。

それはごくささいな言動から始まります。

たとえば、飲み物を持ってきてもらったときに、「すみません」と言うのと「ありがとう」と言うのとでは、相手のその後の振る舞いはたしかに変わります。

どちらのほうがいいとか悪いとかいうのは、このさいおいておきます。

ただ、どちらかを選ばなければなりません。「なにも言わない」としても、相手はその沈黙を受けとめて変化してしまいます。

つまり、「相手を変えようとしない」というよりも、「相手を変えてしまう自分をもう少し控える」のが消耗しない人間関係のコツです。

とくに「悪い方向に相手を変えてしまう」のをやめるだけで、たいていの関係はとても良好になります。


たとえば、仕事ではよく「予防線をはる」ことがあります。

予防線をはるからには、警戒心が働くのでしょう。

これをなるべくやめるだけで、仕事の人間関係で疲れなくなります。

ここで、あなたから取引先のAさんに、予防線をはるメールを送ったと想像してみましょう。「おたくはこの予算でやれと言うし、やってみるけど、それでいい仕事はできないかもしれませんよ」とやんわりと伝えるわけです。

どれほど伝え方をマイルドにしても、ここには不信や不快感がありそうです。

つまり低予算を提示してきたAさんのことが、信用できないわけです。

相手の思うところに沿っていたら、ひどい目にあいそうだと感じてもいます。

だから、悪いことが起きてもいいように「予防」しておきたいわけです。

その不信感は、あらゆる言動から相手に伝わる

私たちはこれを、たんに「内心にとどめている相手についての印象」とでも思っています。しかしそれでは済みません。

このような考えは、必ずAさんをそのように「していく」ものです。

相手のことを「信用のならない人だ」と考えていると、相手は必ず「こちらの信頼を裏切る振る舞い」をするようになります。

これは決して、オカルトではありません。

「そんな低予算ではいい仕事はできませんよ」と伝えられたAさんは、必ずその「不信の念」を読み取ります。それを伝えるのが目的のメールですし、人間はバカではありません。Aさんは「この人は予算が低いのを理由に、質の低い仕事で済ませるつもりなのだろう」くらいに考えるでしょう。

こうして不信感が相互に高くなっていきます。

「予算が低いのは本当に恐縮です。しかし、最低のラインは守ってもらう必要があります」といったメールをマイルドによこしてくるかもしれません。

こういうメールをもらったら、あなたはどう思うでしょうか？

きっと「予算もちゃんとつけないくせに、自分を監視し、トコトン働かせて搾取しようとしている！　もともとAはそういう人間だとわかってはいたが……」という暗い気持ちになるのではないでしょうか。

このようにして、当初あなたが考えたとおりの「信用のならない振る舞い」をAさんは「してしまう」のです。

どうしたらいいのか、と思われるかもしれません。

Aさんのように「信頼できない人間」といっしょに仕事をするのがいけないのかもしれません。

しかし、Aさんはいっしょに働く人の言動次第では、まったく別人のようになっている可能性があります。

「予算があまり確保できない」と告げられても、別の人は「それで大丈夫です！　できる限りのことをさせていただきます。いつもありがとうございます」とだけメッセージを送っているとします。

それに対してAさんは「本当に申し訳ない。もう少しなんとかならないか、上司とかけ合います！」と言うかもしれません。どっちが「本当のAさん」なのだろう、と考えるのは、こういう場合にはほとんど意味がありません。

人間とは、他人が想定しているとおりに振る舞う生き物だからです。

私は、もしこのようなケースが本当にあったとしたら、あなたはずいぶん損をしていると思います。きっとあなたは、低予算だとしても仕事の手を抜いたりせず、もちろん「最低のライン」など確実に確保するに違いありません。

いっぽうでAさんを喜ばせた人にしても、あなたよりずっといい仕事を成し遂げられるというわけでもないかもしれません。

しかしこの場合には、あなたのほうがずっと消耗してしまうのはたしかです。もらえる金額は変わらず、実際に仕事にかける労力もあまり変わらず、ただ人間関係における消耗度だけは格段にひどくなるわけです。

これは、予防線をはった結果だと私は思うのです。

だから「人を警戒しておく」のをまったくおすすめできないのです。

POINT

面倒くさいあの人は、あなたの言動がそうさせているのかも

27

調べるよりも先に、まず人に訊く

なにかと「自力」が称えられます。

もしかするとこれは、日本の文化なのかもしれません。

そうであれば、しかたないかもしれません。**それでも仕事で消耗したくなければ、「人に訊く習慣」を身につけてしまったほうがいいでしょう。**

プライドが邪魔をするのかもしれないし、話を聞いてなかったと怒られたくないのかもしれません。けれども、訊くだけで済んでしまう仕事もあるのです。

自分でそれをするよりは、訊けば「1分とかからない」可能性だってあります。

たとえば会議の場所がわからなく「なりそう」だったら、もう調べずに訊いてみましょう。オンライン会議のURLなどについても同じです。

これには、ふたつの意味があります。

ひとつには、すぐ答えられるような相手の負担にならない情報は、自力で調べず「人に教えてもらう習慣」をつけたいのです。

これを逆に、なにも訊くことなく、ひたすら自力に頼る習慣をつけてしまうと、人にものを訊くのが怖くなっていきます。

もうひとつは、人は「訊かれたら答える習慣」をもつべきだとも思います。

中には、訊かれたことに答えるのと同じか、それ以上の労力をかけて怒り出すという人もたしかにいます。あれを見るといつも不思議に思います。

なにをしたいのかがまったく理解できません。

「すみません。会議の部屋はどこでしょう?」

「2階のAだよ」

と言えば済むところを代わりに、

「話を聞いてなかったの?」

とテンションを上げると、なにかいいことでもあるのでしょうか?

しかもこう怒ってしまうと、相手にもう一度謝罪され、そのあとで結局「答える」

のでしょう。手間暇も2倍になり、お互いの気分まで害します。

訊くべきは、たんなる「そのときに不足している情報」だけではありません。仕事のしかたや、気が乗らないときの対処法、仕事をする意味などについても「まず訊く」習慣を身につけましょう。

消耗する人は「訊くマインド」が著しく抑えこまれているようです。なんらかの意味で、訊いた経験がトラウマになっているかもしれません。

自力にこだわる姿勢は、立派といえるかもしれません。しかし立派である以外の意義が乏しくもあります。

心身が健やかな人はみな、人との関わりの中で生きている

仕事の打診や頼みごともなるべく多めに、なるべく早めを心がけます。これらは「訊く」の発展した形といっていいと思います。まず訊いて、なるべく頼むのです。

人によっては、この類いの行為は恐ろしく難しいものです。頼みごとを許してくれなかった両親に、厳しく育てられたのかもしれません。

もちろん訊いても答えてくれない人はいます。頼んでも断る人もいます。それはしかたがありません。人それぞれに事情があるからです。

それでもコミュニケーションの機会を増やせる人ほど、仕事も生活もラクに進められます。その逆はまず見かけません。

人との関係を断ち、コミュニケーションが極端に少なく、孤立無援で生活していながらリラックスして健康に生きている、という実例を私は知らないのです。

POINT

訊く目的は、コミュニケーションを取るためでもある

第5章

未来に備えるような“生き方”をやめる

本書の主張は、ところどころ「非常識」なものでしょう。過去にしてきた私の主張に反するものもあります。そこで、どういう経緯から「逆算をやめて、目標や計画を捨てる」に至ったのかを本章で明らかにします。「空想した未来はどこにもない」ということを実感していただけると思います。

28

「タスクシュート」との出会い

本書の主張には、首をかしげる人も多いでしょう。

一般の仕事術はもう少し、「目標」や「計画」を大切にします。

その点、私は2日目以後の計画を立てることをすすめませんし、個人的には目標をいっさいもちません。

また、「時間は希少価値があるから大切にするべき」というのも常識です。

本書の主張はそれとは真逆です。「時間はいくらでもあるのだから、好きなように好きなだけ活動すればいい」というのが私の言いたいことです。

さらに、「時間というのはお金以上に大切なリソースだから、未来に投資し、将来の豊かなQOLのために使うべきだ」ともよくいわれます。

私はこれに対し、第1章で「時間を投資しない」とわざわざ断っています。戸惑われても不思議はありません。

こう考えるに至った理由は、たしかにあります。

20代の初めからこのように考えていたわけではありません。

これまでに私は50冊以上の本を出版しました。この本では、いままでに私自身が書いてきた内容に対して、真っ向から反対している主張も少なくありません。

そういうことが「けしからん」と思われれば、それは申し訳ないと思います。

ただ私程度の能力の乏しい人間の場合には、10年たてばひとつやふたつの意見や信念を変えなければならなくなるのです。

私の信じるところが変容したのは、ひとつにはタスクシュートとの出会いが大きく影響しています。

30代後半の頃、アメリカで心理学を勉強して帰国したあとに、ようやく私は社会人としてまともに働き出しました。

当初は、ごくふつうの「仕事のしかた」でオンラインの連載を書き出しました。

ＴｏＤｏリストを用意して、デジタルのカレンダーに約束事を書き込み、ネタをデジタルメモにせっせと収納しては、あいまに日々の雑務をこなしていました。もちろん執筆計画も立てました。

さらに本を出し、結婚し、時間が取れなくなるにつれ、仕事の締め切りから逆算し、毎日のチェックリストをマメに消し、運動し、読書し、「やりたいこと」を必死に消化しようとしていました。

しかし急速に、このやり方ではいけないと思わざるを得なくなりました。

理屈ではこれで心身は健康になるはずでした。だから時間が取れないのに、散歩とテニスを欠かさなかったのです。

また、知識もスキルも向上し、ネタもまとまって連載も書籍も書きやすくなるはずでした。でも1年が過ぎて、執筆スキルはひいき目にみても微動だにしません。ネタはすぐに尽きました。

なによりも人間関係が私を消耗させました。仕事とは、たとえスキルをアップさせ、計画的に進行させていたとしても、思いもよらないファクターでまったく停滞してしまうと私は知りました。

連載は打ち切りになり、たちまち私は経済的に苦しくなったのです。

目標や計画をやめて、やることを絞っていった

ただ私の人生には、こういう危機的なポイントで幸運の風がぴゅーっとふくのでした。ある大物書評ブロガーが、私と大橋悦夫さんの共著『スピードハックス』（日本実業出版社）が「飛ぶように売れている」のを賞賛してくれました。

これで私は少なくとも金銭的には一息つけました。同時に、仕事のやり方を一変させました。共著者の大橋悦夫さんからタスクシュートを借り、彼のブログ「シゴタノ！」を隅から隅まで読み、自分にできる限り「仕事は大橋流」に徹底したのです。

それまでの長期計画は「1週間」に縮小し、逆算をやめ、目標設定は捨てました。

なによりもタスクシュートが「あり得ないリスト」を私から手放させました。「あり得ないリスト」によると、私は24時間で72時間ものタスクを実行する気でいたのでした。

リストの項目はごっそりと減り、「やりたいこと」も消え失せました。

私は、あきらめることを学んだわけです。

タスクシュートで、やれることだけをやるようにすると、「大橋流」が理解できるようになりました。彼の流儀とは、「みんなちがってみんないい」の仕事スタイルなのです。いまふうにいえば、私は自分をとがらせるようにしました。そのためには「やること」より「やらずに済ませること」をはっきりさせるのです。

私は、プログラミングと英語とデザインスキルとアナログを捨てました。すると、いわゆる「費用対効果」は抜群に高まり、日々の大量のタスクが魔法のように片付くのでした。その流れに乗るようにして、仕事が次々に舞い込みお金にはまったく困らなくなりました。

POINT

「やりたいこと」に追われて消耗するのは、本末転倒

29

タスクシュートとは真逆の「逆算思考」

2010年に前後して、日本のライフハックとビジネス書がにわかに沸騰しました。あとからふり返ると、さまざまな要因が重なっていたと思います。

勝間和代さんと出会って、いっしょにセミナーを開催させてもらったのもこの頃でした。彼女は、「仕事術をもって年収を10倍アップできる」といった主張で人気を博していました。

私が当時のTwitter（現X）を始めたのが2008年です。つまり、「スマホでインターネット」が実用に耐えるようになりつつあった時期でもあります。

手元から情報を好きに出し入れして、それを仕事に活用するといった話も、ようやく夢物語ではなくなりつつあったのです。

「ノマド」というキーワードがビジネス書にも登場しました。

私自身はこの流れの中で、どうにかしてタスクシュートを全国展開し、可能なら全世界に広めてしまいたいと勝手な野心をもっていました。

勝手というのは、開発創始者である大橋悦夫さんが、そんな気持ちをとくにもっていたわけではなかったからです。

しかし私は、WindowsのExcelだけではなく、Macでもスマホでも、iPhoneでもiPadでも、タスクシュートで仕事を進められる環境を求めました。求めるだけではなく実践し、本まで出しました。この頃はそういう本が出せるくらい、仕事術とライフハックに期待する人が多く出始めたのです。

もちろんライフハックが流行して、私は仕事がやりやすくなりました。出したいと思えば、書籍の企画が通りました。並行して3冊も4冊も原稿を抱え、家族旅行にもMacをもっていき原稿を進めては、メールをやりとりしていたこともありました。まさに「ノマド」と実感した覚えがあります。

いっぽうで、少しずつモヤモヤと奇妙な気持ちが溜まっていったのも、この頃からでした。

私は「ライフハック」と「仕事術」の文化にどっぷりと身を浸し、セミナーでEvernoteの話をしたり、ノマドカフェを探してはコーヒーを飲んだり、勝間和代さんの生き方に憧れる「カツマー」といっしょに株式投資の話に興じるのは好きでした。正直に楽しいと感じていました。

しかしこの人たちがなぜ私の本を買ってくれて、私の話に興味をもってくれるのかは、本当のところは「謎」でした。

私自身の、書籍を4冊も抱え、毎月のようにセミナーでしゃべり、連載原稿まで書いている「忙しさ」の本当の役に立っていたのは、タスクシュートだけでした。タスクシュートをコアに、大橋流の「スピードハックス」しかやっている実感を抱いていてなかったのです。

この頃、ライフハック界隈の中で「タスクの洗い出し」が流行っていました。私もそれに「なにかしらの意味」を見出そうと、リストアップしてはEvernoteとタスクシュートに整理しました。結果として、1タスクすら実行することなくぜんぶ捨てるのを繰り返すばかりでした。

現在の私のタスクシュートには、毎日のように「やらざるを得ないこと」だけがリストアップされます。三度の食事と入浴とこの原稿の他2つか3つの仕事だけです。

当時の「洗い出したタスク」は、そんなものではまったくなくて、「ブログの整備」とか「使わなくなったMacBookの売却」とか「積ん読本の読破」とかやりもしないことばかりが姿を現すのです。

ライフハック仲間にならって、マインドマップの講習まで受けたものです。

そのときを含めても私が描いたマインドマップは、20枚にもならないでしょう。いまではひとつも残っていません。このようなことはおよそ自分の性にはあってないと思わざるを得ません。

「もっといい未来」を目指さなくても、すぐ幸せになれた

2009年には娘を授かっていました。**驚いたことに娘の誕生以来、私は「なにもかも満たされた気持ち」になれてしまったのです。**

娘が生まれたのですし、桜でも咲くように年収が十倍になるならそれに越したことはありません。

しかし、そのためになにかをしようというモチベーションは、まるで生じませんでした。お金も銀行に預けっぱなしで娘と「しりとり」ばかりしていました。

ライフハック仲間に調子を合わせて、年始には「目標を設定」しました。

しかし、それはなにもせずとも必ず達成される目標ばかりでした。たとえば「今年は本を3冊出す！」というようなものを「ミッション」として掲げておくわけです。

しかし、実際のところ3冊の企画がすでに通っている、というカラクリでした。

私は毎日のようにタスクシュートを更新し、タスクリストをひとつ残らず実行させ続けました。朝の4時に起き、娘といっしょに夜の9時には寝るようにしました。

目標も計画もなく、それで十二分に幸せでした。

ただときどき「それではダメだ」と誰とはなしに告げられ、将来の不安を説かれ、銀行貯金の少なさとリスクに鬱鬱とさせられはしました。

ときには、「目標設定の手帳」というものを与えられて、それに「目標」を書き込まされたこともあります。しかしやはり同じでした。書き込むうちに、右手が本当にしびれてくるのです。

にもかかわらず「手帳の会」と銘打たれた会に参加して、いっしょにコーヒーを飲むのは楽しいのでした。彼らの話を聞くのもイヤではなく、いっしょに飲みに行って盛り上がるのも面白かったのです。

そんなある日、私のモヤモヤした日々を一変させる大事件が起こります。2011年3月11日のことでした。

POINT

願望実現マップ、目標達成の手帳、よさがわからなかった

30

逆算するヒマもなく、困難は突然やってきた

その日、私は渋谷駅のいまはない東急会館の最上階にいました。

目の前には、タスクシュートの開発者である大橋悦夫さんがいました。

彼と昼食をとりながら「先の構想」について話し合うといった、じつに優雅な時間を過ごしていたわけです。

しかし、食べながら私はなんとも妙な気持ちになりました。

大橋さんといっしょに、遊園地のバイキングにのっている気持ちになってきたのです。それが私のいまでも残っている「震度6」の感触でした。

それからの数分は「ここで死ぬかな」と数年ぶりに考えました。そう思ったのはアメリカ留学中の「竜巻付きの大嵐」に襲われて以来でした。

数分前に仕事のパートナーと「先の構想」を考えていた自分に、ふと笑えてきました。笑っている鬼が目に見えるような気持ちになりました。

「未来の計画とは、予知能力を前提としていたのだ」というある意味当たり前のことに気づきました。同時に「自分は1秒先の未来もまるでわかっていない」と思い知らされました。天井を見ると、あれでよく落ちてこないと思うほどに、シャンデリアがブンブンと回っていました。

その日から私は、「未来の計画」をすべて放棄しました。Evernoteにためてあった情報も趣味のものを除いて廃棄しました。

いつまでも生きていられるわけはなく、一寸先のことすらわからないとしたら、まだ右も左もわからない娘といつお別れになるかもわからないと身震いしました。

そして、私はいくらでも仕事を引き受けるようになりました。

なんでもいいから、自分が生きた証拠をより多く残したいと思ったのでしょう。

朝の4時に起き、夜寝るまでなるべく多くの時間を「ものを書く」か「人としゃべる」ことに費やしました。

「1日でも長く生きて、1日でも多く働きたい」と、歳に合わない妙な情念に燃え始めたものです。死にかけたという感覚が、私を変なテンションにさせました。

震災から数年するうちに、AppleのiPhoneがその地位を確実なものにしました。あわせて「iPhoneで扱えるタスクシュート」が相次いで登場しました。

もちろん私もいくらかその動きに関与し、求めるのはひたすら「タスクシュートと一体化する自分」でした。

これがなければ働けないと思っていましたし、マンションを売って一軒家を構えた身としては、それこそ馬車馬のように働くしかないと思いました。

その意味で「iPhoneでタスクシュート」を実現してくれた富さやかさんに、私は多くのものを負っています。この時期は、彼女の開発した「たすくま」がなければどうにもならなかったでしょう。

私は先の締め切りなどまったく念頭におかず、ただひたすらやってきた仕事をルーチン設定して、「たすくま」にのっけたタスクに没頭しました。

タスクシュートしか使わず、タスクシュートだけをやっている感覚でした。

だから、タスクシュートの本を書き、タスクシュートを広めるセミナーを数打ち、オンラインマガジンでタスクシュートの連載を続け、ブログ「シゴタノ！」でタスクシュートの情報を出しました。

もっといい方法があったかもしれません。もっとマシな広め方もあったでしょう。でも私は自分にできるやり方で、なるべくウソのないようにしたいと思いました。中でも、当時大いに流行していた「目標設定」「逆算」「ＰＤＣＡ」はなんとかして避けたいと思っていました。自分がやっていない話をしたくなかったのです。

少なくともこの頃に、私は「シングルタスク」と「順算思考」をものにした感触を得ました。

自分にはどうにもできないことが、人生では起きる

とはいえ、タスクシュートではどうにも解決できない難題が残りました。

それは「人間関係」です。流行に逆らったせいなのか、もともと私は人に嫌悪される性格なのか、もっとちがう理由からか、どうにも私は「人気を維持できず仕事を

フェードアウトされる」パターンにはまりがちでした。

いっときは毎月のように重版がかかり、毎月のように新しい書籍企画の話をもらっているのに、ブログのアクセス数は伸び悩み、ＳＮＳのフォロワー数も頭打ちで、気がつくとオンラインの連載は打ち切られるようになります。セミナーでの集客もいつも苦労し通しでした。

そうこうするうちに、私を取りまく状況が急に暗転し始めました。

いましがた述べたような理由から、収支状況がジワジワと悪化していったのです。「売れっ子作家」のような扱いを受けて、朝から晩まで原稿を書いて暮らし、酒もたばこもせず、ギャンブルにも縁がなく、それどころかスイーツすら食べない自分が、来月の健康保険税も払えないなんてずいぶんバカげた話だと思い、仕事をするのがイヤになってきました。

そんな愚痴をこぼすうちに、妻との関係もギクシャクするようになりました。

それでも金策に奔走している中、２０１９年末にはとつぜん新型コロナウイルスが広がり、不要不急の外出ができなくなりました。

おかげでセミナーなどの仕事は消滅してしまい、もともと原稿の仕事が減っていた時だけに致命的と言えなくもないほどです。

収入はいっとき、前年比で8割減、2割程にまで落ち込みました。

さらに追い打ちをかけるように、寺の住職をしていた父が、ふつうなら考えられない理由で寺を追われてしまいました。

同じ頃、母は心臓の手術のために入院し、その手術がうまくいかなかったと退院しました。さらに同じ頃、妹が失踪しました。

父が電話をかけてきて、その妹を探せというのでした。

これらの問題は、「タスクシュート」ではどうしようもありませんでした。

父の失職に対して「為すべきタスク」などあるはずもなく、妹を探すにしても「できるタスク」がありません。

私はそれまで、「超」がつく膨大な原稿でも、タスクシュート一本で十分に書き上げられました。**しかし、それはあくまで、私が行動を起こせば成果が出るケースに有効なのであり、そもそも為すべき行動が想像もつかない場合には「タスクリスト」を**

用意できないわけです。

気がつくと私は全身にジンマシンが現れるようになって、赤い斑点が日を追って増える一方でした。

POINT

結果をコントロールしようともがくほど、沈んでいく

31

「グッドバイブス」ってなに？

思えば2017年から2019年頃の私は、完全に行き詰まっていました。

そのことにはっきり気がついていなかったのが、いま思えば不思議なほどです。

2年間のほとんどを、毎月のように「金策」に当てていました。

時には市役所にかけ合って、住民税をいつまでなら金利をつけることなく支払えるか確認もしました。実家のトラブルがどう収束するかもまったくわからず、仕方なくNPO法人や地域の公的な心理相談室に電話したものの「できればご本人を連れてきて欲しい」と諭されることがほとんどでした。

「本人が失踪して見つけられないのです」と告げると、気の毒そうに「探しましょう」と励まされます。「どのように探したらいいと思います？」と苦笑すると「お心当たりはありませんか?」と当然の展開になります。

私には「心当たり」がまったくなかったわけです。


もちろん、体中のジンマシンもなんとかしなくてはなりませんでした。

なにしろかゆくてどうにもなりません。当初は軽い気持ちで、地元の内科に通院しました。しかし徐々に「容易ならぬ事態」であるような気がしてきました。

どこへ行っても「体に異常はまったくない」と言われます。

するとその途端、強い脱力感というか、はっきり言えば抑うつ的な気持ちでへたり込みそうになるのです。

そんなことは、子どもの頃から「ひどい病弱」と言われていた私でも、これまで経験したことがありませんでした。

すでに十以上の病院を巡礼した挙句、3時間40分も待たされたある病院でのことです。そこは、丁寧に診察することで有名なリュウマチの医院でした。

そもそも、ジンマシンが引かなくて高齢者向けのリュウマチの病院に来ているという場違いな状況に、私のほうがゲンナリしていました。

医師はたっぷりと時間をかけて一通り診察し、「体はまったくなんともないと思います」と何度も聞いたことを教えてくれました。私は例の虚脱感をじんわり感じながら、「体はですね？」と我知らず尋ねていました。

「はい」とだけ、先生は言いました。

私はその瞬間に、なぜかずっと避けてきた当たり前の結論に至りました。

つまりこれは、体ではなく「心の病気」であって、いくら内科を巡っていてもどうしようもないのでした。それでも、念のために生まれて初めて胃カメラを飲んで、内視鏡検査までやってもらいました。

今度は思った通り、胃腸のどこにも疾患はないと目で見て確認できました。

不安を先取りした先に、あるものとは？

この頃、いっしょに仕事をしていた倉園佳三さんという人に「お金を払って相談しよう」と決めていました。倉園さんとはその後、共著を書くことになります。

彼と親しくするのは、このとき二度目でした。一度目は、東日本大震災以前、iPad

などのガジェットネタで有名なブロガーとしての彼と親しくしていました。

しかし震災をきっかけに、彼との関係はフェードアウトしていました。

二度目に出会った時、倉園さんは「別人のような話」をする人になっていました。彼は「グッドバイブスを広める人」として生きていこうとしているようでした。

「グッドバイブス」というのは彼の個人的な思想で、はた目には、自己啓発と呼ばれる体系化されたアイデアです。その内容を一聴するならおそらく「どこかで聞いたような話」といった感想をもつ人も多いでしょう。

倉園佳三という人を知らなければ、それが自然と思います。

しかし私は彼を知っていました。したがってことさらに興味を持ちました。

そもそも私の知る彼は「ガジェットとライフハックの男」です。震災と10年の歳月があったにしても、この変わりようはなんなのだろうと思うのは当たり前でした。

とはいえ、私は彼とのカウンセリングにさほどの期待はかけていませんでした。

この頃の私は、明らかに抑うつ状態で「期待をかける」という気持ちを持つことが難しかったというべきです。いい話を聞いて、心療内科に通う助走にでもなれば損はないといった気分でした。

だいたいなにを相談するつもりでいるかも、自分でわかっていませんでした。

ジンマシンのことか、仕事のことか、家族との関係の話か、それとも実家のトラブルか……、考えてみると「未解決の課題」が多すぎて話の糸口に困るほどで、なのにどれも切り出す気がそれほどなかったのです。

しかし、いざセッションが始まると、話すテーマはパッとひとつにまとまったのです。「倉園さん。お金がないんです」、これがその時に私が言いたかった、たったひとつのことでした。

こう口にしたものの、私は自分に呆れていました。

倉園さんはカウンセラーというよりは、私にとっては仕事仲間です。

「金がない」と言えば、その意味は「なにかいっしょに仕事をしよう」となるでしょう。飛ぶように本が売れているわけでもなく、抜群に羽振りが良さそうでもない私に、お金を融通してくれるはずもありません。

倉園さんは「まったくないんですか?」と聞いてきました。

そう言われると、「いいえ、まったくないわけでは。倉園さんにいまはお支払いもできるわけですから」と答えて、我ながら変な金の使い方をするものだと「思われるかもしれない」と改めて考えたのでした。

「いまはまだあるけど、来月にはなくなるかもしれない程なのです」これは私の本当のところでした。

「佐々木さんは、本当にお金がなくなったことはあります?」

倉園さんのこの質問には、「虚をつかれた」感覚を覚えました。

「本当にお金がなくなった経験」などあるわけがありません。

私がそれを回避するのに、どれほど徹底してきたことでしょう。

体調がどうでも朝の4時に起き、タスクシュートにあげたからには、タスクをその日のうちに必ず終わらせようとしているのも、すべては「お金がゼロにはならないようにするため」だったのです。

倉園さんは続けます。

「佐々木さんのように、なんでも頭で考えられて、起こる確率を徹底して計算できそうな方が、いままで一度もお金がなくなったことがないのに、それが起きると信じているのはどうしてなんですかね?」

なるほど、と思いました。「でも少しは余裕が欲しいじゃないですか？」咄嗟に出たこの言葉も私の「心の叫び」に似た響きがありました。倉園さんはニヤッと笑い、「佐々木さんは、お金に余裕のあったことがありますか？」

まったくうまいことを言うものです。私には「お金がなくなった経験」もなければ「お金に余裕があった経験」もないのでした。

「お金」に関する限り、私は仕事を始めてからずっと「ゼロではないが余裕もない」状況を生きてきたわけです。「ゼロではないが余裕もない状況」に至る確率はいつも100パーセントなのでした。

このセッションの頃をピークに、ジンマシンは急速にひいていきました。

心身症としては私の皮膚炎は軽いほうだったとは思います。それでも身体化のつらさというのを思い知ったものです。

POINT

想像している「最悪な状況」になる確率は、ゼロパーセント

32

「望ましい青写真」を思い描かない

この章では、私の「タスクシュートと出会ったときから現在に至るまで」を駆け足でふり返りました。こんな話を書いたのも、私が「目標」というものをなぜ、どのような経緯から捨てるに至ったのかを説明するためです。

そもそも社会に出たときの私は、混沌とした渦巻きの中でもがいていました。その「もがき」をあまりにも当たり前と思い込んでいて、自分が苦労している自覚すら薄かったのですが。

そのときに大橋悦夫さんにいわば「拾われ」て、さらにタスクシュートまで教えてもらいました。**そのときに私は「自分の人生をコントロールしよう」とするのをいったんは手放したはずでした。**

目標を決めたり、計画したり、タスクを洗い出しても、まったく着手すらできません。着手しないと決めたところから、「人生」が好循環に入ったはずでした。

しかし、収入を得て結婚し、実家を離れて子どもまで授かるうちに、またしても「自分の人生をコントロールしなくては」と思い始めてしまったのです。

私はタスクシュートで得た教訓を、よく理解できていなかったわけです。

時代の空気もありました。私の仕事を受け取ってくれるお客さんは、ほぼすべてライフハッカーといってもよく、タスクの洗い出しも目標設定も逆算も「絶好調」でした。タスクシュートを用いて逆算するメソッドも、大きな成功を収めていました。

そんな中で、自分のようにぱっとしない中年男が「逆算や目標、自己成長や自己実現というのは、どうしても好きになれなくてね……」なんてボソボソくだをまくのはなんともみっともなく思えてしかたなかったのです。

そこへ震災、貧乏、実家の危機と、問題がたたみかかり、コントロール欲が再燃し、「タスクシュートと自力でなんとか乗り切ろう！」と思ってしまったわけです。

体のジンマシンが消え、収入がふたたび安定し、実家の事件もひとつずつ確実に解消された「未来絵図」に向かって、いつの間にか邁進していました。

そんな「空想した未来」はこの世のどこにもないもので、現実にはそこに向かってなどいけないはずだと、倉園佳三さんが単純な間違いを指摘してくれたわけです。

「お金がゼロになる未来」もないし「お金に余裕のある未来」もない。

そう諭された私は、脳裏に未来を想像するのをやめました。するとジンマシンが消えてしまったのです。

実現しない未来のことを、あれこれ考える必要はない

それから私の「心の中」は一変しました。はた目には、さほど変わらない仕事ぶりかもしれません。

1日の中で「とうぜんやること」をタスクシュートにリストアップはします。三度の食事とトイレと入浴といくつかの仕事や約束です。

それを始めた時刻を記録し、行動を起こします。

しかし、その結果を頭で思い描きはしません。一度にひとつのタスクだけをやります。そのあとのことは考えません。

その結果、「ひどい目にあうかもしれない」と最初のうちは不安に思いました。

そのときは、倉園さんに教わった次の「3つの許容」を心がけました。


1つ目は、「ひどい目にあわせる人々」を受けいれようと思いました。私の行為の結果として、なにか被害をこうむったというのであればしかたがありません。

しかし「目の前のタスクだけに集中した結果」として、私はまだ一度もひどい目にあってはいません。


2つ目は、「ひどい目にあわせる世の中の仕組み」を受けいれようと思いました。

たとえば、この本の締め切りがタイトで、しかもそれを「破ってしまったペナルティ」があるならそれを甘受するしかありません。もちろん「目の前の行動に総力を挙げた結果」としての話です。


そして3つ目が、「いろいろと空想してしまう自分自身」を受けいれます。

未来の空想をやめたつもりでも、いまの2つはまぎれもなく未来を空想しているのです。しかたありません。人間はとつぜんに習慣を変えられないものです。

コントロールをあきらめたのなら、結果を「甘受する」の一択でしょう。

「不安に思わないように自分をコントロールする」のも、やすやすとは手放せなかったわけです。それをさらに、受けいれるしかないのです。

改めて「それでどうなった?」と問われれば、そんなに変わってはいないというのが正直なところです。

あいかわらず、お金はあるけれど余裕はないし、ジンマシンは消えたけれど肌がつるつるピカピカに若返ったわけではありません。実家のほうはまずまずの状態に落ち着きました。少なくとも倉園さんに相談した頃に比べればずっとマシです。

なによりも私は「まるで消耗しなく」なりました。

あるいは「生きていればこそ消耗する」と受けいれられるようになったといってもいいかもしれません。そして、そう受けいれると消耗しなくなるのです。

POINT

結果を思い描くのをやめても、悪いことはなにも起こらない

COLUMN

「自分らしい生き方をする」の限界

jMatsuzaki

「やりたいことをやる!」「好きなことを仕事にする!」「自分らしい生き方をする!」

そう決意したのはいまから13年ほど前、2011年の話です。それまで何度、このような決意をしたかわかりません。しかし、このときはなにかが違いました。

新卒で働き始めて5年経過したのが、良い区切りだったのかもしれません。私の誕生日に起こった震災のあとで心境の変化があったのかもしれません。私がリーダーを務め、ずいぶん前に解散したロックバンドへ久々にファンレターが届いたからかもしれません。パワハラ上司にうんざりした経験が私を駆り立てたのかもしれません。

なんにせよ、このときはなにかが違ったのでした。

決意するだけでなく、行動に移しました。できることはなんでもやりました。達成が難しそうな目標も、実現できると自分に言い聞かせ、なんでも片っ端から試しました。

それから10年が経った頃、私を待っていたのは、一切の満足を知らない「渇望」と日常

の「**破綻**」でした。

私はjMatsuzakiと申します。jMatsuzaki株式会社というシステム開発会社を経営する傍ら、一般社団法人タスクシュート協会の理事を務めています。「TaskChute Cloud」というサービスの開発者でもあります。

かつて、あの確固たる決意をした日、それまでの人生の中で最も賢い決意をしたと思い込んでいた当時、私は25歳でした。

そのときの生活は、文字通り家と会社の往復です。いまにして思えばまだまだ若かったとはいえ、私はすっかり出遅れた気がしていました。もし私がジミ・ヘンドリックスやジャニス・ジョプリンやジム・モリソンだったら、あと2年しか生きられないのですから！　理想と思える生活を手に入れようと、どんな小さなことでもなんでもやってみました。タスクシュートに出会ったのもこの頃です。

創作を再開しようと思って、部屋の片隅で埃をかぶってた作曲用のマシンを久々に起動しました。早起きも始めました。タバコも辞めました。家に帰る前に図書館に寄ることにしてみました。

やりたいことをやるためにどうすれば良いのか、それを人生の軸として生きるにはどうすれば良いのか。どうしたら行動できるようになるのか調べ始めました。

生まれて初めてビジネス書というものを読みました。そのような過程で本書の著者である佐々木正悟さんの講演へ足を運びました。日常の些細な心がけや、小さな習慣の積み重ねによって、大きなことを成し遂げる方法論を説く彼の話に希望を抱きました。彼をまねてブログも始めてみました。

最初は順調でした。いまにして思えば、あまりに順調すぎたのだと思います。

ブログの読者が順調に増えて、収益が発生するようになりました。

もちろん最初は少額でした。しかし、それまでは会社からの給与しか受け取ったことがなかった私にとっては大きな経験でした。

自分の名前で収益を得られたことに喜び、可能性を感じました。

当時勤めていた会社は副業禁止でしたから、それから半年で会社を辞める決断をしました。脱サラして、晴れてフリーランスになったのです。

最初はたいへんでした。収入は1/3くらいに減りましたが、半年ほどかけて個人事業を育て、ビジネスを安定させていきました。ほどなくして、サラリーマン時代の収入を超えられました。なにより、朝から晩までオフィスで働く時間の拘束がなくなって自由になれたことが喜びでした。

その後、事業が育つとともに小学生時代からの親友と現在の会社を立ち上げました。数年後には社員も雇い始めました。以前解散したバンドを再結成してワンマンライブもやりました。あこがれだったヨーロッパ、ドイツへと海外移住もしました。とにかく、あの日決意したとおり、やりたいことはなんでもやったのです。

これで終わりだったら、ハッピーエンドだったに違いありません。

しかし、順調だったのは最初の5年だけでした。次の5年で、上昇した分以上に大きく下降しました。社員を雇ったはいいものの、売上を思ったより伸ばせませんでした。給与の未払いを避けるため、自身の生活を切り詰める日々が続きました。

馬車馬のように働きましたが、その努力も空回りでした。現実逃避に時間を使うことが増えました。社内の空気は悪くなりました。当時同棲していたパートナーともすれ違うようになり、決別しました。厳しい生活の中での海外生活は孤独を極めました。

もう生きていたくないと思ったのは、数回ではありません。

仕事をする気になど到底なれず、だからといって現実逃避などしている場合ではないという状況でした。ベルリンの自宅のベッドの上で身動きが取れなくなりました。

その中で少しずつわかってきたことがあります。

「やりたいことをやる！」「好きなことを仕事にする！」「自分らしい生き方をする！」、その先に待っていたのは一切の満足を知らない「渇望」と日常の「破綻」だったということです。なぜなのでしょうか？　成功哲学のスタンダードと言われているようなやり方だったのに！

それは、「欠乏感」を原動力としているからです。

「やりたいことをやろう」「好きなことをやろう」「自分らしく生きよう」。どんなにポジティブな言葉で言い繕っていても、できていないことにフォーカスしています。

それを実現できている人は、「やりたいことをやろう」など考えもしないはずです。

考えてもみてください。いま世界的に活躍しているプロ野球選手が「野球をやりたい」などと思うでしょうか？

「やりたいこと」はいまできていないことです。「やりたいこと」にフォーカスするということは、人生に「欠乏」を作り出してフォーカスすることになるのです。

すると、こういうことが起こります。やりたいことを実現しては、それを噛み締めることもせず、すぐに次の目標へ視線を移して空想を膨らませるようになるのです。

そこには「安らぎ」も「満足」もありません。

期待と満足は違います。「やりたいことをやる」というのは、未来に期待を抱くことです。

現在に満足を感じることとは本質的に異なります。期待だけを原動力としていては、いずれ欠乏感に苛まれることとなります。期待には、際限がないからです。

「改善」と言えば聞こえは良いのですが、穴を掘っては埋めるの繰り返しをしているようなものです。最初はブログが1記事でも書ければそれでハッピーでした。次は毎日ブログを書きたいと思うようになります。ブログで収入を得たいと思うようになり、毎月安定して稼ぎたいと思うようになります。

そのときには、もうブログが1記事書けてもハッピーにはなれないのです。

一度エスカレートした期待値を引き下げることには苦痛が伴います。期待させたものに対して執着が生まれます。

しかし、エスカレートを続ける期待をすべてかなえることはできません。

期待どおりにものごとが進まなくなると、つまり現実が期待に追いつかなくなると、ゆがんだ行動をとるようになります。

それが「現実逃避」という形で現れることもあれば、「人間関係の悪化」という形で現れることもあるでしょう。どのような形であれ、人生が機能不全に陥るのです。

「ディドロ効果」という行動心理があります。

ある日ディドロは幸運から美しい高価なガウンを手に入れました。

このガウンに比べると、いま自分の部屋にある他の持ち物がまったく不釣り合いで野暮ったく見えてしまい、不満を覚えるようになります。

ガウンに合うよう古い椅子、新しい机、部屋に飾る絵を買い替えました。あらゆるものを一新しなければならなくなり、とうとう借金を背負うまでになってしまうのです。

ガウンの主人であったはずが、いつの間にかガウンの奴隷になってしまったのです。

彼は「貧乏人は気楽だが、金持ちはいつも緊張の中にいる」と言いました。

このように「やりたいことをやる！」「好きなことを仕事にする！」「自分らしい生き方をする！」といっても、「やりたいこと」を実現するたび、人生の気に入らない他のところが目につくようになります。住む場所、仕事、人間関係、収入……。まるでディドロ効果のようではありませんか？

最初は誰でもできるほんの些細なことでも、夢をかなえれば喜べます。

しかし、人生における「逆算」がうまく機能するのはこのフェーズだけです。

そのうちハードルはどんどん上がっていきます。

なんでも特別じゃないと気がすまなくなります。

キャパシティを超えても執着を手放せず、生活に緊張が走り始めます。いよいよ希望をかなえることができなくなると、人生が破綻し始めます。

期待が欠乏を生み、渇望へと変わり、破綻をもたらすのです。

そして、ついにはなんの喜びも得られなくなってしまいます。

「やりたいこと」にフォーカスすると「未来」のために生きることとなります。

「現在」は、望ましい「未来」のための手段に成り下がってしまうのです。

しかし、私たちが体験できるのは「現在」だけです。

現在は、未来のための手段だというのなら、あるいは未来の障害だというのなら、人生に二度と安らぎと満足は訪れないでしょう。

これがベッドの上で身動きが取れなくなった私が気付いたことです。気付いたところで、それまで定着した思考と行動を変えるのは難しいものです。

そこで、改めてタスクシュートを使い直しました。というより、「現在」を「未来」のための手段としない手法として、実務でもまともに機能する方法論として残ったのはタスクシュートだけだったという言い方が正しいかもしれません。

それまでも10年以上タスクシュートを実践していましたが、このときから使い方をガラリと変えました。そうして1日ずつ「現在」に集中して過ごす中で、最初は戸惑いながらも少しずつ「順算」的な生活を身につけていきました。

いままでのやり方が間違っていると気付いて受けいれられたとき、「やりたいことをやる!」「好きなことを仕事にする!」「自分らしい生き方をする!」といった高価なガウンを身に纏うのをやめたとき、ようやく暗いトンネルから抜け出せたのです。

不思議なもので、「現在」を「未来」のための手段にしないと決めてから、事態が自然と好転するようになりました。

そしてなにより、いまこの瞬間、目の前に、無限に広がる現実を受けいれること。これによって再び、いえ、おそらく生まれて初めて人生に「安らぎ」と「満足」を得たのです。

「安らぎ」と「満足」だけか、などといった問いは不要でしょう。人生において「安らぎ」と「満足」の他に必要なものなどなにもないのですから。

jMatsuzaki

おわりに――絶望さえしていなければ、いつでも希望はある

「一寸先は闇」だと私は信じています。

計画を立ててみても、その通りにいくとはもちろん限りません。

目標を設定しても、それがいつ達成できるかはわかりません。もしかすると、達成できないかもしれません。

見積もりは外れます。「正確なはずの見通し」すらまったくアテになりません。

未来は予測できません。この先なにが起こるか、まったく想像もできないのです。

しかし、だからといって絶望する必要はありません。

先に何が起きるかわからなくても、お先が真っ暗というわけではないからです。

想像を超えたすばらしいことが起きるかもしれないからです。

本書のような本を書く人も読む人も、あまりにも「先の安心」を求めすぎます。

締め切りを守れる「保証」を欲しがり、「余裕のある計画を遂行できないかもしれ

ない」と思っただけで不安になるという人もいます。

だから「締め切りまでにプロジェクトが終わる見通し」をつけようとするのでしょう。それを実現できそうなスケジュールを用意したくなるのでしょう。

進行が遅れがちなら、早めに起動修正するだけの「モチベーション」が必要なのでしょう。それらがすべてそろっていても、仕事が遅滞することもあります。

たとえそうなっても、恥をかかされたり心を傷つけられたりしないように「心理的安全性の高い職場」で働いたほうがいいと思われています。

それが可能な環境とメソッドがないとなれば、絶望しそうになるかもしれません。

しかし、環境はまだしも「未来の保証」を可能にするメソッドなどあり得ないと本書で私は説きました。だからといって絶望しなくていいはずです。

先のことがわからなくても、現在に希望をもつことはできます。

希望をもつとは、未来が安心で安全だと「確定している」という意味ではないでしょう。どうなるかわからなくとも、またはわからないからこそ、希望を失わない心が輝くはずです。

佐々木正悟

「ToDo《トゥードゥー》リスト」は捨《す》てていい。

時間も心も消耗しない仕事術

2024年 7月31日　初版発行

著　者……佐《さ》々《さ》木《き》正悟《しょうご》
発行者……塚田太郎
発行所……株式会社大和出版
東京都文京区音羽1-26-11　〒112-0013
電話　営業部03-5978-8121／編集部03-5978-8131
https://daiwashuppan.com
印刷所……誠宏印刷株式会社
製本所……株式会社積信堂
装幀者……上坊菜々子
装画者……朝野ペコ

ISBN978-4-8047-1912-2